Chuck Spezzano

Die spirituelle Dimension der Hochsensibilität

vianova

Verlag Via Nova

Chuck Spezzano

Die **spirituelle** Dimension der **Hochsensibilität**

vianova
Verlag Via Nova

Übersetzung aus dem Englischen:
Ulrike Kraemer

Originaltitel:
The Life of a Supersensitive

---

2. Auflage 2024
Verlag Via Nova, Alte Landstraße 12, 36100 Petersberg
Telefon: (06 61) 6 29 73
Fax: (06 61) 96 79 560
E-Mail: info@verlag-vianova.de
Internet: www.verlag-vianova.de
Umschlaggestaltung: Guter Punkt, München
Satz: Sebastian Carl, Amerang
Druck und Verarbeitung: AK Druck & Medien, Schneckenlohe

ISBN 978-3-86616-506-9

Für Pete und Lisa Spezzano

Inhalt

Wir sind keine Menschen,
die eine spirituelle Erfahrung machen.
Wir sind spirituelle Wesen, die erfahren,
was es bedeutet, Mensch zu sein.
Wir sind keine Menschen
auf einer spirituellen Reise.
Wir sind spirituelle Wesen auf
einer menschlichen Reise.

- Pierre Teilhard de Chardin

Einführung

Manchmal passiert es, dass ich zwar mit einem Buch fertig bin, das Buch aber nicht mit mir fertig ist, sodass schon kurz nach seiner Fertigstellung neue Kapitel geschrieben werden wollen. Manchmal dauert es eine Woche oder sogar einen Monat, aber das Beharren darauf, dass ich sie schreiben muss, ist so stark, dass ich es nur eine Weile und nur mit der Begründung hinausschieben kann, dass ich andere Prioritäten habe, weil beispielsweise ein anderes Buch bis zu einem bestimmten Termin fertiggestellt sein muss.

Das vorliegende Buch bahnte sich innerhalb von einer Woche einen Weg. Es dauerte allerdings einen Monat, bevor ich tatsächlich anfangen konnte, es zu schreiben, weil ich unterwegs war und vorher noch letzte Änderungen an einem anderen Buch vornehmen musste. Doch jetzt bin ich wieder zurück und obwohl in naher Zukunft mein auf 49 Jahren Forschung beruhendes Hauptwerk ansteht, scheint es, dass ich heute an diesem Buch beginnen muss. Die Geschichte der Hochsensibilität geht weiter. Seid gespannt!

1
Die exotische Frau

Sie war eine hochsensible Frau, hatte aber niemanden, der in der Lage gewesen wäre, ihr den Weg zu weisen. Sie hatte einen wunderbaren Mann, der sie sehr liebte. Er war gutaussehend und selbst sehr sensibel. Weil sie ein so hohes Maß an Schmerz in sich trug, hatte sie ihre Schönheit und Sensibilität benutzt, um ihren Mann zu kontrollieren, und ihn dazu gebracht, sie mit Samthandschuhen anzufassen. Ich machte sie auf diesen Missbrauch ihrer Macht aufmerksam und wies sie darauf hin, dass er sie weder glücklich machte noch dafür sorgte, dass sie sich wohl in ihrer Haut fühlte. Sie war eine äußerst seltene Kombination aus Hochsensibilität und Tigerpersönlichkeit. Ich erklärte ihr, dass die Energie der Tigerpersönlichkeit gleichbedeutend damit war, dass sie eine große äußere und eine große innere Lebensaufgabe zu erfüllen hatte. Sie war hier, um etwas in der Welt zu bewirken, aber sie war auch hier, um Mystikerin zu sein und später einmal Zeit in der Präsenz göttlicher Liebe zu verbringen. Ich erklärte ihr, dass sie ihre Gabe der wahren Liebe vergeudete, weil sie emotional unreif handelte und ihre Emotionen benutzte, um Besonderheit zu erlangen und ihren Willen zu fordern. Ich sagte ihr, dass das Gefühl, nicht genug geliebt zu werden, daher rührte, dass sie seit ihrer Kindheit versucht hatte, Liebe zu bekommen, statt sie zu geben. Ihre Aufmerksamkeit war so sehr auf sich selbst gerichtet, dass ihr nicht bewusst war, was mit ihrem Partner und in ihrer Beziehung vor sich ging. Sie hatte ***nicht*** ihren Platz als Regisseurin der Beziehung eingenommen, um dem Wohl beider Partner zu dienen, sondern die Energie stattdessen benutzt, um zu schwelgen und ihre Besonderheit herauszustellen. Ich zeigte ihr, dass sie ihre wunderbaren Gaben sabotierte und ihren Selbsthass vergrößerte, wenn sie sich weiterhin für Angst, Kontrolle und die Durchsetzung ihres Willens anstelle von Liebe, Vertrauen und den Fluss der Gnade entschied. Sie hörte mir nur deshalb zu, weil ich sie wie ein Buch lesen konnte. Als sie erkannte, dass mein Handeln auf Liebe und nicht auf einem Urteil beruhte, ließ sie zu, dass ich sie Schritt für Schritt zu ihrem Partner führte, der am anderen Ende des Raums wartete. Bei jedem Schritt fragte ich sie, ob sie sich für Liebe und Vertrauen oder für Angst und Kontrolle entschied. Mit jeder Entscheidung für Liebe und Vertrauen öffnete sie sich und wurde auch für ihren Partner offen. Als sie ihn erreichte, umarmten sie einander auf eine sehr berührende Weise.

Anschließend fragte ich beide, ob sie einander sprachlos machen wollten mit dem, was sie einander zu geben hatten, und beide stimmten bereitwillig zu. Ich erklärte der exotischen Frau, dass sie eine seltene Energie in sich trug, aber erwartete, dass man sich um sie kümmerte, was ihr Partner gerne tat. Wenn sie ihre Lebensaufgabe erfüllen wollte, musste sie jedoch lernen, mit anderen Menschen zu teilen. Sie konnte ihren Partner sprachlos machen, indem sie ihm auf jede nur denkbare Weise *gab*. Alles konnte eine wunderbare Veränderung bewirken: Liebe, die Zubereitung des Abendessens, Geschenke, Liebkosungen, Sex, eine Massage. Er erwartete nicht, dass sie ihm etwas gab, und es würde ihn sprachlos machen, wenn sie es tat. Ihrem Mann, der versucht hatte, ihr alles zu geben, sagte ich, dass das, was sie so dringend brauchte – eine Entschuldigung war. Denn er hatte nie etwas falsch machen wollen und gab immer sein Bestes, um der tiefen Schuld aus dem Weg zu gehen, die er empfand, weil es ihm nicht gelungen war, seine Familie zu retten. Ich erklärte ihm, dass eine Entschuldigung nicht bedeutete, dass er schuldig war, sondern zeigte, dass ihm bewusst war, wie sie sich fühlte und welche Erfahrung sie machte und dass er außerstande gewesen war, ihr zu helfen. So konnte er beispielsweise sagen: „Es tut mir leid, dass du einen schlechten Tag hast." „Es tut mir leid, dass du das durchmachst." Und er konnte sich natürlich auch entschuldigen, wenn er einen Fehler gemacht hatte. Damit konnte er ihr wirklich helfen und eine tiefgreifende Veränderung bewirken. Als ich ihm diese Dinge erklärte, fing sie an zu weinen, weil es für sie so wichtig war und sie tief berührte. Sie umarmten einander noch einmal innig und erkannten allmählich, was ihrer Beziehung gefehlt hatte, um ihre Liebe und ihr Glück mühelos zu bereichern.

Kannst du dir vorstellen, dass vielleicht nicht vermeintlich grundlegende Unterschiede, sondern ein einfaches Missverständnis dich von deinem Partner fernhält?

Wahre Liebe ist für einen hochsensiblen Menschen enorm wichtig und wir können sehr leicht vom Weg abkommen. Das Leben mit einem hochsensiblen Menschen gleicht dem Besitz eines Lamborghini. Er ist leistungsstark und schön anzusehen, benötigt aber eine wöchentliche Wartung, um Fehlzündungen zu vermeiden.

2
Angst

Alles, was dich scheinbar von dem trennt, was du willst, ist Angst. Was dich von Erfolg, deiner Lebensaufgabe, Geld, Liebe, Sex, GOTT, deinen Superkräften und deinem Glück trennt, ist Angst und nur Angst, ganz gleich, welche Form diese Trennung annimmt. Sie kann die Form von Schuld annehmen. Sie kann die Form von Groll, einem Autoritätskonflikt, Naturkatastrophen oder einer vermeintlich außerhalb von dir liegenden Ursache annehmen. Letzten Endes geht es immer um Angst und diese Angst verbergen wir größtenteils vor uns selbst. Sie bringt uns auch dazu, Dinge vor uns selbst zu verbergen und uns verstecken, wenn es darum geht, unser Licht leuchten zu lassen.

Diese Erkenntnis stellt für das Ego eine große Bedrohung dar. Es will, dass uns alle möglichen Missgeschicke widerfahren, aber es will nicht, dass wir Dinge erkennen, die seinen Wunsch bedrohen, für sich selbst zu entscheiden. Es will nicht, dass wir herausfinden, dass alles, was uns widerfährt, von uns ausgeht – auch unsere Angst. Es tut alles, um seine Unabhängigkeit und Eigenständigkeit sicherzustellen. Es will unter keinen Umständen, dass wir herausfinden, dass es aus Angst und aus dem hohen Preis besteht, den wir für die Angst zahlen. Diese Erkenntnis würde bedeuten, dass wir nicht länger in so hohem Maße in das Ego investieren. Dann wären das Ego und sein Traum von der Welt nicht mehr in der Lage, das Budget zu verteidigen, das es uns kostet, die Angst gutzuheißen, die das Ego am Leben erhält. Alle Probleme – Traumen, Hindernisse, Krankheit, Schwierigkeiten, Mangel, Misserfolg, Herzensbruch – sind angstbasiert. Sie alle machen das Ego größer und stärken seine Macht. Sobald du zu dieser Erkenntnis gelangst, kann das Ego sich selbst und seine Machenschaften nicht mehr länger verbergen.

Alle Negativität und alle Emotionen laufen auf Angst hinaus, während alle guten Taten und positiven Gefühle auf Liebe hinauslaufen. Leidvolle Ereignisse rühren von Entscheidungen her, die im Bruchteil einer Sekunde getroffen und dann verdrängt oder die unterbewusst getroffen werden. Sie sind Investitionen in das Ego. Uns für die Angst zu entscheiden heißt, unser Ego zu stärken, und es heißt, uns gegen uns selbst zu entscheiden. Wir entscheiden uns gegen die Liebe zu anderen Menschen und gegen die Selbstliebe. Damit verleugnen wir nicht nur uns selbst, sondern auch die Wahrheit. Dieser Angriff auf die Wahrheit lässt uns glauben, dass Angriff tatsächlich Macht besitzt. Er lässt uns glauben, dass wir uns selbst angreifen können und dass dieser Angriff wirksam ist. Das führt einerseits dazu, dass wir Angst vor uns selbst bekommen, und hat andererseits zur Folge, dass die Angst vor Angriff, die wir in uns tragen, selbstzerstörerisches Verhalten und Todesversuchung fördert. Das führt wiederum dazu, dass wir uns erst recht davor fürchten, nach innen zu schauen, weil wir Angst davor haben, das zu sehen, was uns zerstören könnte. Davon will uns zumindest unser Ego überzeugen.

Das Ego will Eigenständigkeit, die auf Angst basiert, während GOTTES WILLE auf Liebe und Glück basiert. Du kannst lernen, die Angst und ihre Auswirkungen zu erkennen und dich für die Liebe zu entscheiden. Angst erzeugt Trennung und Illusion, die von Urteilen und Angriffsgedanken herrührt. GOTTES WILLE ist LIEBE und Verbindung und unser wahrer Wille entspricht dem WILLEN GOTTES. Das Ego verheimlicht ständig, dass GOTTES EIGENSTÄNDIGKEIT und unsere Eigenständigkeit eins sind. Angst entspringt dem Glauben des Egos, dass wir einen Willen haben können, der vom WILLEN GOTTES getrennt ist. Da GOTT als das EINSSEIN uns jedoch als SEINE Ausdehnung, als Teil SEINES GEISTES geschaffen hat, ist der Gedanke, dass wir getrennt sein könnten, lediglich eine Illusion. Aus diesem Grund wird unser Fall aus dem Zustand des EINSSEINS manchmal auch als der „Fall in den Traum“ bezeichnet.

Wir sind GOTTES KIND und wie zwischen allen Eltern und Kindern besteht auch zwischen uns eine *wechselseitige Abhängigkeit*. Unser Wille ist SEIN WILLE. Unsere Eigenständigkeit rührt von SEINER EIGENSTÄNDIGKEIT her. SEINE FUNKTION ist unsere Funktion. Wir können unsere Liebe und unser Glück nicht getrennt von GOTT finden. Das Ego will uns glauben machen, dass Angst und Angriff mit Liebe gleichzusetzen sind. Angst führt jedoch zu Angriff und Angriff führt zu Angst, sodass ein Teufelskreis aus Angriff und Angst entsteht.

Es gibt eine Grundeinstellung, die wir einnehmen können und die gerade für hochsensible Menschen unerlässlich ist. Willst du ein von Angst erfülltes Leben oder ein von Liebe erfülltes Leben führen? Willst du angreifen oder willst du helfen? Willst du urteilen oder willst du segnen? Was für ein Leben willst du leben? Entscheidest du dich für das Ego oder entscheidest du dich für die LIEBE und für GOTT? Die Entscheidung ist tatsächlich immer gleich. Da hochsensible Menschen ihre Emotionen besonders intensiv wahrnehmen, ist es eine ganz einfache Entscheidung. Du kannst dich für die Liebe entscheiden, sodass sich das Ego allmählich auflöst, oder du kannst dich für Schmerz und Wutausbrüche entscheiden. Entscheidungen, die immer in dieselbe Richtung führen, werden zu einer Einstellung. Und wenn du dich für die Liebe und für GOTT entscheidest, dann weißt du, dass GOTTES LIEBE dich vor Angriff schützen wird. Wenn du dich aufmachst, um GOTT zu begegnen, macht ER sich auf, um dir zu begegnen. Wenn du Liebe gibst, kommt die Liebe zu dir.

3
Der Partner eines hochsensiblen Menschen

Wenn du selbst nicht hochsensibel, aber Partner eines hochsensiblen Menschen bist, kannst du dir einige Prinzipien zu eigen machen, die dein Leben kurzfristig und langfristig wesentlich erleichtern können. Das gilt auch für Beziehungen, in denen beide Partner hochsensibel sind. Ein hochsensibler Partner möchte meist durch die Beziehung stimuliert werden und das kann viele Formen annehmen: künstlerisch, spirituell, humorvoll, sexuell, sinnlich, intellektuell, gesellschaftlich oder durch einen Beitrag zur Verbesserung der Welt. Du kannst in allen diesen Bereichen mühelos beitragen, wenn du dich nicht durch Kämpfe abschrecken lässt oder in der Müdigkeit alltäglicher Routine stecken bleibst.

Wenn ein Partner in einer Beziehung etwas braucht, trägt insbesondere bei hochsensiblen Menschen der Partner diese Gabe zumindest als Potenzial in sich. Du kannst sie öffnen, mit deinem Partner teilen und dadurch mehren. Du kannst auch den HIMMEL um diese Gaben bitten, wenn du sicher bist, dass du sie nicht besitzt, oder ihn bitten, eine Gabe, die du besitzt, zu überhöhen. Wenn du glaubst, eine Gabe nicht zu besitzen, will der astrale Aspekt des Egos dich daran hindern, dir dieser Gabe bewusst zu werden. Du kannst die Gabe des HIMMELS empfangen, um deine Gabe zu überhöhen und sie mit deinem Partner zu teilen. Bei chronischen Problemen kannst du diese Übung jeden Tag durchführen und deinem hochsensiblen Partner die Gabe, die er braucht, auf energetischer oder auch auf körperlicher Ebene geben. Ein hochsensibler Mensch ist beispielsweise sexuell aktiver, braucht aber deine romantische, sexuelle und sinnliche Energie, um zentriert und einfühlsam sein zu können. Wenn er sexuell verletzt wurde, trägst du meist die machtvollen, heilenden, nährenden und sexuellen Gaben in dir, die ihn erregen können. Sex gehört zu den Gaben, die deine Beziehung zu einem hochsensiblen Partner stärken und auffrischen können. Vielleicht bedarf es vorher eines gewissen Maßes an Heilung, damit er zu einem natürlichen und belebenden Faktor in deiner Beziehung wird.

Spiritualität gehört ebenfalls zu den Gaben, die sowohl deine Beziehung als auch die Seele eines hochsensiblen Menschen nähren können. Hier geht es weniger um Religion als vielmehr um den Aufstieg in Reinheit zum Ewigen hin. Er geschieht ganz natürlich, wenn du deiner inneren Führung folgst und sowohl deinem Partner als auch den Menschen außerhalb deiner Beziehung hilfst. Jede Beziehung kennt Gegensätze. Wenn du am überlegenen Ende einer Polarität zu stehen scheinst, dient es dir und der Beziehung, die Vorteile mit deinem Partner zu teilen, bis ihr ebenbürtig seid. Wenn du am oberen Ende stehst, hast du es mit der mehr oder weniger versteckten Verbitterung deines Partners darüber zu tun, dass du am oberen Ende stehst und die Gabe, die er braucht, nicht mit ihm teilst. Wenn du sie nicht mit ihm teilst und keine Ebenbürtigkeit herstellst, erhältst du die Konkurrenz am Leben. Deine Überlegenheit nährt lediglich dein Ego und dient weder deinem Partner noch deiner Beziehung. Konkurrenz oder Perfektionismus seitens deines Partners werden von Angst und von Gefühlen der Unzulänglichkeit genährt. Du kannst hier eine tiefgreifende Veränderung bewirken, indem du deine Gaben mit deinem Partner teilst. Diese Gegensätze sind in Wirklichkeit oft Teufelskreise, in denen ihr die Positionen tauscht, wobei ein Partner die überlegene Rolle und der andere Partner die unterlegene Rolle innehat. Es ist wichtig, die auf Konkurrenz und Angst basierenden Teufelskreise zu überwinden, weil du den nächsten Schritt nicht gehen kannst, wenn du darin gefangen bist. Du kannst einen Teufelskreis auf der unterbewussten Ebene so tief heilen, dass sogar die durch die großen Kriege im Unbewussten erzeugten Spaltungen transformiert werden, die das Ego benutzt, um dafür zu sorgen, dass du in Ablenkung und Angst gefangen bleibst, statt den tiefen Frieden des Meisterschaftsbewusstseins zu erreichen, in dem deine Bestimmung auf dich wartet.

Jeder Partner kann fordernd sein, aber auf einen hochsensiblen Partner trifft das in ganz besonderem Maße zu. Es zahlt sich deshalb aus, dir der Dinge bewusst zu sein, die du tun kannst, um die Situation in eine positive Richtung zu verändern.

Astrale Invasion

Wenn ein hochsensibler Partner sich unzulänglich und dir in einem bestimmten Bereich unterlegen fühlt, kann es passieren, dass er zu dir in Konkurrenz tritt und dich seinen Unmut spüren lässt. Er kann deinem Erfolg insgeheim im Weg stehen und damit euer beider Fülle mindern. Auch wenn du sehr liebenswürdig oder bei anderen Menschen besonders beliebt bist, kann er dich seinen Unmut darüber deutlich spüren lassen. Diese Dinge können sich verschärfen, wenn die Astralebene deinen hochsensiblen Partner benutzt, um ihn und durch ihn auch dich anzugreifen.

Wenn du angegriffen wirst, denke zuerst immer daran, dass ein Angriff ein Hilferuf ist. Wenn du wüsstest, was dein Partner fühlen muss, um dich in dieser Weise anzugreifen, könntest du vielleicht mehr Mitgefühl aufbringen, als es dir von Natur aus gegeben ist. Wenn du erkennst, dass sein Angriff ein Hilferuf ist, nimmst du ihn nicht länger als Angriff wahr. Du erkennst, dass sein Verhalten angstgesteuert ist, weil Angst und Angriff stets einen Teufelskreis bilden. Wenn deine Liebe zu ihm trotz seines angstbasierten Verhaltens unerschütterlich ist, wird die Wahrheit der Liebe die Illusion der Angst heilen. Seine Angst wird von einem grundlegenden Glaubenssatz des Egos angetrieben, den es benutzt, um die Liebe zu verbergen, die deine wahre Identität ist. Dieser Glaubenssatz hat meist mit Wertlosigkeit oder Unzulänglichkeit zu tun. Er gibt deinem Partner das Gefühl, weniger wert zu sein als der, der er in Wahrheit ist. Der Glaube an diesen illusionären Glaubenssatz macht ihn zur leichten Beute der

Astralebene. Das uralte Ego verspricht Gemeinschaft, wenn du einsam bist, Sicherheit, wenn du dich bedroht fühlst, und Beherrschung als eine falsch verstandene Form von Macht.

Als hochsensibler Mensch oder als Partner eines hochsensiblen Menschen kannst du einige Dinge tun, um bewusst zu bleiben und dich nicht zur Geisel des Egos machen zu lassen.

1. Wenn du angreifst, kämpfst oder dich in irgendeiner Form trennst, sitzt du in der Falle des Egos und es benutzt dich.
2. Deine Emotionen – vor allem Zorn – sind eine Form von Angriff, wenn du sie nicht als Hinweis darauf benutzt, wo ***du*** einen Fehler machst, der berichtigt werden muss.
3. Emotionale Verstimmung, Schmerz und Selbstgerechtigkeit sind sichere Anzeichen dafür, dass du einen Fehler machst – unabhängig davon, ob der Partner einen Fehler macht oder nicht. Wenn du deinen Fehler nicht berichtigst, wirst du dich ihm so lange immer wieder stellen müssen, bis du es tust.
4. Achte darauf, wann du einen Wutausbruch oder eine „Masche" benutzt, um dich selbst und die Menschen in deiner Umgebung zu geißeln, weil du leidest und dich als Opfer fühlst. Wenn dir bewusst wird, dass du die Menschen, die dir nahestehen, mit deinem Schmerz angreifst, kannst du eine andere Entscheidung treffen. Wenn du leidest, ist dir nicht bewusst, dass du die Menschen, die dir nahestehen, und dich selbst mit deinem Schmerz geißelst.

Um von den Fesseln an die Astralebene und dem Wunsch des Egos, deinen Schmerz an deinem Partner auszulassen, befreit zu werden, musst du dich der Partnerschaft auf einer höheren Ebene verpflichten. Wenn du glaubst, dass du ein von Schmerz erfülltes oder bemitleidenswertes Leben hattest, als Mädchen weniger wert warst oder nicht geliebt und wertgeschätzt wirst, dann glaubst du möglicherweise auch, dass du das Recht hast, deinen Partner zu beherrschen. Du glaubst, dass dein Schmerz dir die Entschuldigung dafür liefert, Vorrechte im Leben zu genießen, projizierst diesen Glauben aber auf deinen Partner. Das kann es zu einer großen Herausforderung machen, dich auf echte Partnerschaft einzulassen. Bewusstheit und der Wunsch, deine Beziehung auf eine neue Ebene zu heben, können an dieser Stelle jedoch eine ganz entscheidende Veränderung bewirken.

Wenn du feststellst, dass dein Partner in astralen Einflüssen gefangen ist, kannst du die Erzengel herbeirufen, um dein Bewusstsein und das Bewusstsein deines Partners zu klären. Du kannst die Erzengel bitten, den Astrallinien durch deinen Partner und dich selbst zu folgen und die Bereiche des Bewusstseins mit GÖTTLICHER LIEBE und Licht zu erfüllen, in denen unser Bewusstsein abgefallen ist und die wir nun als dunkle Nächte der Seele erfahren.

Nichts kann dein Verlangen danach ersetzen, deinen hochsensiblen Partner zu kennen und zu lieben. Ihn zu kennen heißt, ihn zu lieben. Ein Urteil oder der Glaube, dass er übermäßig boshaft oder schwierig ist, zeigt alte Selbstkonzepte, derentwegen du dich immer noch verurteilst. Dein Partner zeigt dir immer alte und uralte Selbstanteile.

Du verurteilst nur dich selbst und du fürchtest nur dich selbst. Anderenfalls hättest du ihm bereits geholfen, den Punkt zu überwinden, an dem er gefangen ist. Erkenne die Orte, an denen du deinen hochsensiblen Partner verurteilt hast und ihm nicht helfen konntest, als Chance. Bitte um ein Wunder, um euch beide zu befreien.

Dein hochsensibler Partner kann seine Bestimmung nur dann annehmen und seine erstaunlichen Gaben nur dann hervorbringen, wenn du ihn über das notwendige Maß hinaus unterstützt, wertschätzt und liebst. Das bedeutet, dass du dein Urteil überwinden musst. Wenn du das Potenzial der Freude in deinem Partner und in deiner Beziehung nicht erkennst, vergeudest du viele Jahre mit Konflikten oder der Leblosigkeit, die von Rückzug herrührt. Dein Partner trägt rare und exotische Gaben in sich. Wertschätze ihn. Er mag ein ungeschliffener Edelstein sein, aber deine Liebe erkennt dennoch, dass er ein Edelstein ist. Der erste Schritt besteht in der Erkenntnis, dass dein Partner eine seltene Gabe an dich und an das Leben ist. Ein hochsensibler Mensch ist hier, um die Kreuzigung zu verleugnen und zu heilen. Er ist hier, um den Menschen die Auferstehung zu bringen. Die Herausforderungen des Lebens schleifen ihn ganz von selbst schön. Das ist nicht deine Aufgabe. Es wäre vermessen, wenn du glauben wolltest, es sei deine Aufgabe, den Edelstein mit den Facetten zu versehen, die du für am besten hältst. Der HIMMEL hat einen Plan für ihn und für eure Beziehung und du bist Teil des Plans. Dein Partner muss vielleicht viele Lektionen und Prüfungen bestehen und du bist aufgerufen, ihn zu verstehen und wertzuschätzen. Wenn du an ihn glaubst und ihn unterstützt, erledigt er den Rest. Du hast die Chance, den Edelstein zu polieren, und wenn deine Liebe tief genug ist, kann es dir sogar gelingen, die Fehler und Einschlüsse auszupolieren, die seine Seelenwunden und Lebenslektionen verursacht haben.

Auf einer bestimmten Ebene könntest du sagen, dass dein Partner deine Verantwortung ist und dass es von dir, deinem Verständnis und deiner Hingabe abhängt, wie weit er kommt. Das ist keine Bürde, wie das Ego dir weismachen will. Es ist eine große Chance. Die Tatsache, dass du mit einem hochsensiblen Menschen zusammen bist, zeigt, dass du die Gabe wahrer Liebe in dir trägst. Wenn du sie verwirklichst, kann sie euch in vielfältiger Weise unterstützen und ist die beste Möglichkeit, sowohl dich selbst als auch deinen Partner zu erlösen. So kann ein enorm hohes Maß an Gnade durch deine Beziehung hindurch in die Welt strömen. Deine Lebensaufgabe als Einzelperson ist auf die Lebensaufgabe abgestimmt, die du in deiner Beziehung zu erfüllen hast. Lerne die Lektionen des Glücklichseins in Beziehungen. Um nichts anderes geht es im Leben – um Glücklichsein und Heilung, wenn du nicht glücklich bist.

Bei den ersten Lektionen, die es in der Beziehung zu einem hochsensiblen Menschen zu lernen gilt, geht es um Verantwortung und Eigenverantwortung. Wir mögen sie für einfach halten, können tatsächlich aber unser ganzes Leben damit zubringen, sie zu lernen. Wenn wir sie jedoch vollständig lernen, sind wir erleuchtet. Verantwortung heißt, dass du die Fähigkeit hast, auf jede Situation zu antworten und dadurch alles zum Besseren zu wenden. Eigenverantwortung ist gleichbedeutend mit der Erkenntnis, dass alles, was dir jemals widerfahren ist, eine Folge deiner eigenen Entscheidungen war. Dadurch offenbart sich dir, was im Unterbewusstsein (alle Entscheidungen, die du seit deiner Empfängnis getroffen hast, und alles, was dir seit diesem Zeitpunkt widerfahren ist) und im Unbewussten (alle Entscheidungen, die du vom Anbeginn der Zeit auf deiner Seelenreise getroffen hast, und alles, was dir seit diesem Zeitpunkt widerfahren ist) vor sich geht. Es gibt dir die Möglichkeit, neue und bessere Entscheidungen zu treffen, sobald du die gesamte Situation erkennst und verstehst. Auf einer unterbewussten Ebene sind alle negativen Ereignisse in deinem Leben und alles, was zwischen dir und deinem Partner vorgefallen ist, Entscheidungen, die du getroffen hast, weil sie deinem Ego eine Belohnung einbringen. Du kannst diese schmerzhaften Ereignisse benutzen, um Recht zu bekommen oder um Heilung zu erlangen. Recht bekommen zu wollen und über deinen Partner zu urteilen, verbirgt jedoch nur deine eigene Schuld. Die Beziehung zu deinem Partner ist die beste Möglichkeit, die du hast, um zum EINSSEIN zu gelangen und dich vom Ego und seinen Illusionen zu befreien. Dazu musst du jedoch lernen, zuerst die Verantwortung für dein eigenes Leben und dann für das Leben deines Partners zu übernehmen. Dies sind große, aber wichtige Schritte, um deine Beziehung voranzubringen.

Eigenverantwortung lehrt dich, dass jedes dunkle Ereignis einen Zweck für dich erfüllt hat. Die Frage, wofür du es benutzt, ist also wichtig, um Zugang zu dem zu erlangen, was du vor dir selbst verborgen hast. Sie offenbart heimliche Beweggründe des Egos und gibt dir so die

Möglichkeit, eine neue Entscheidung zu treffen. Sie macht es wesentlich leichter, anderen Menschen und dir selbst zu vergeben. Du kannst deine Fehler sehen und berichtigen. Eigenverantwortung lehrt dich, dass Schuld die große Illusion des Egos ist, um seine Herrschaft über dich und andere Menschen aufrechtzuerhalten. Alle Menschen tun das Beste, dessen sie angesichts ihrer inneren und äußeren Umstände fähig sind. Wenn wir alle unschuldig wären, würden wir im HIMMEL auf Erden leben. Das Leben wäre ein Paradies. Wir verbergen Schuld mithilfe von Konflikten, Opferrollen, Aufopferung und Unabhängigkeit. Schuld bedeutet, dass wir uns unter falschen Annahmen bestrafen und uns letztlich selbst den Wölfen zum Fraß vorwerfen. Auf einer bestimmten Ebene ist alle Negativität in unserem Leben eine Form von Selbstangriff, der Teil unserer Selbstbestrafung für unsere Schuld ist. Das Ego will, dass wir Angst davor haben, nach innen zu schauen. Es will, dass wir uns selbst beschuldigen, wenn wir aufhören, andere Menschen zu beschuldigen. Es will uns Angst vor unserer Selbstdestruktivität und vor uns selbst machen. Der einzige Weg, diese selbstzerstörerischen Muster zu verändern, liegt jedoch darin, sie als die Illusionen zu sehen, die sie sind. Dann hören wir einfach auf, in sie zu investieren.

Polaritäten

Unser Partner und wir bilden natürliche Gegensätze. Die Unterschiede zwischen uns machen die Anziehungskraft zwischen uns aus. Wenn wir in der Beziehung erfolgreich sind, verwandeln Unterschiede und Anziehungskraft sich irgendwann jedoch in bedingungslose Liebe. Die Anziehungskraft zeigt, was dir selbst deiner Meinung nach fehlt, ein anderer Mensch aber möglicherweise besitzt. Was uns fehlt, versuchen wir von unserem Partner zu bekommen oder zu nehmen oder machen es zu einem Götzen, der unser Leben beherrscht. Sex soll das Bedürfnis erfüllen, das die Trennung hinterlassen hat. Wenn wir uns mit unserem Partner verbinden, kann Sex jedoch mehr und mehr dazu dienen, Liebe zu geben und zu empfangen, statt zu bekommen. Das verwandelt Sex in Liebe und erschließt seine transzendenten Qualitäten. Am Anfang einer Beziehung müssen wir im Stadium des Machtkampfs viele Unterschiede überbrücken. Dadurch integrieren wir die Position unseres Partners mit unserer eigenen Position, sodass sich eine vollständigere, wahrhaftigere und erfolgreichere Position für beide entwickeln kann. Um sie zu erreichen, sind wir aufgerufen, unser Rechthabenwollen ebenso aufzugeben wie das Verlangen danach, unseren Willen durchzusetzen, das Ego zu verteidigen und unseren Partner zu besiegen und zu beherrschen. Wenn wir die Angst vor dem nächsten Schritt loslassen, können wir ihn einfach gehen, um die Wahrheit gemeinsam zu entdecken.

Schritte zur Verbindung

Akzeptanz ist ein wunderbares Prinzip der Heilung, das dich bis auf die höheren Bewusstseinsebenen führen kann. Akzeptanz kann dich gemeinsam mit deinem hochsensiblen Partner über Schmerz und Urteile hinaus an einen besseren Ort bringen. Akzeptanz ist ein sehr kluger

Schachzug, denn wenn du eine negative Erfahrung nicht akzeptierst, bleibst du unverändert darin stecken. Selbst wenn die ersten Schritte sich wie Rückschritte anfühlen, kannst du über sie und deine negativen Gefühle hinausgelangen, indem du sie einfach akzeptierst. Wenn du den Ort, an dem du dich gerade befindest, immer wieder akzeptierst, gelangst du schon bald an einen besseren Ort voran. Du kannst die Dinge noch rascher voranbringen, indem du dir einige andere Prinzipien zu eigen machst. Erkenne zuerst, dass du das, was du an dir selbst nicht magst, noch nicht einmal sehen könntest, wenn du es nicht in deinem Partner erkennen würdest. Schlimmer als die Tatsache, dass dein Partner diese negative Qualität in sich trägt, ist, dass *du* sie *auch* besitzt. Du trägst sie in dir, hast sie aber kompensiert und unter Rollen und vorgetäuschtem gutem Verhalten verborgen. Trotz der Tatsache, dass du diese negative Qualität auf deinen Partner projiziert hast, bleibt sie so lange ein Anker in deinem Leben, bis du dich selbst und damit auch deinen Partner von ihr befreist.

Welcher Aspekt deines Partners ist besonders schwer zu akzeptieren? Stelle dir vor, dass du zwanzig Schritte von deinem Partner entfernst stehst, während dir gleichzeitig bewusst ist, dass du diesen Charakterzug in dir trägst. Willst du mit deinem Partner an dieser Stelle stecken bleiben oder bist du bereit, diesen Aspekt in dir und in ihm zu akzeptieren, damit du den nächsten Schritt gehen kannst? Entwicklung durch Akzeptanz ist unwiderstehlich, sobald du erkennst, dass die einzige Wahl, die du hast, darin besteht, entweder stecken zu bleiben oder zu akzeptieren und vorwärtszugehen.

Wie fühlst du dich, wenn du vorwärtsgehst? Wenn der nächste Schritt ein negatives Gefühl mit sich bringt, hast du die Wahl, es entweder zu akzeptieren oder dich damit abzufinden. Du kannst ein negatives Gefühl akzeptieren, bis du an einen Ort gelangst, an dem du vollkommen in Frieden damit bist. Wie viele Schritte bist du nun noch von deinem Partner entfernt? Denke an den nächsten Aspekt, den du an deinem Partner nur schwer akzeptieren kannst. Nimm dich selbst mit diesem Charakterzug wahr. Willst du dich mit diesem Charakterzug herumschlagen oder willst du darüber hinausgelangen, um frei zu sein? Wenn du dich dafür entscheidest, ihn zu akzeptieren, gelangst du voran. Wie fühlst es sich an? Wenn du nicht vollständig in Frieden bist, gibt es noch etwas, das es zu akzeptieren gilt. Wie viele Schritte bist du jetzt von deinem Partner entfernt? Welcher negative Charakterzug an ihm stört dich jetzt? Wie viele Schritte bist du jetzt von ihm entfernt? Entscheidest du dich dafür, diese Qualität jetzt zu akzeptieren, oder willst du dich mit ihr herumschlagen, bis du sie akzeptieren kannst? Wenn du sie akzeptierst, tritt einen Schritt vor. Wie fühlt es sich an? Wie viele Schritte bist du jetzt von deinem Partner entfernt? Akzeptiere immer wieder, bis du in Frieden bist und schließlich ihn und auch dich selbst erreichen kannst. Bekenne dich zu ihm und zu dir selbst, sodass die Charakterzüge, die du bisher abgelehnt hast, keine große Sache mehr sind.

So werden sie ins richtige Verhältnis gebracht und sind nicht länger der – mehr oder weniger tief – verborgene Anker, der dich in deinem Leben und in deiner Beziehung zurückhält. Auf den letzten Schritten entdeckst du vielleicht dunkle Wesenszüge, die du verleugnet und verdrängt hast. Akzeptanz bewirkt, dass du alles loslässt, worüber du geurteilt hast. Sie bringt alles in die richtige Perspektive, um Liebe, Glück und die Weiterentwicklung zu ermöglichen, die du für einen besseren Weg brauchst. Das hat zur Folge, dass der Mangel dich nicht länger zurückhält und dass du dich und deinen Partner nicht dafür angreifst. Auf der tiefsten Ebene der Akzeptanz findest du Integration und ein neues Maß an Ganzheit für euch beide.

Auf dem gesamten Weg zum EINSSEIN treten diese Dualitäten zwischen dir und deinem Partner immer wieder in Erscheinung und bereiten entweder den Boden für Konflikte oder zeigen dir, was zwischen dir und deinem Partner und zwischen dir und dir selbst innerer Heilung bedarf. Akzeptanz ist eine Übung, die du während eurer gemeinsamen spirituellen Odyssee immer wieder einsetzen kannst.

Ein weiteres Prinzip der Heilung und zugleich Wesenskern aller Prinzipien der Heilung ist die Vergebung. Ein Problem zeigt einen Ort, an dem Konkurrenz, Urteile und Angriff präsent sind. Wir haben die Wahl, stattdessen zu geben und zu helfen. Geben ist eine Form von Liebe und Vergebung ist praktische Liebe. Sie stellt die Verbundenheit wieder her, die wir durch Urteile verloren haben, um das Ego zu erfinden. Verbundenheit lässt uns Frieden, Mühelosigkeit und Liebe erfahren. Vergebung heilt Angst, Groll, Schuld und den Autoritätskonflikt. Alle diese Dinge sind Symptome der Trennung – der Grundursache all unserer Probleme.

Vergebung kann auf vielfältige Weise erreicht werden. So kannst du zum Beispiel erkennen, dass dein Partner immer dann, wenn er ohne Liebe handelt, Liebe braucht. Niemand kann sich ohne Liebe verbessern. Und es ist Teil deiner Lebensaufgabe, ihm zu helfen. Schaue dir seine Hilferufe über die Jahre hinweg an und entscheide dich: „Will ich helfen oder will ich urteilen?" Erkenne, dass ein Urteil ein Angriff ist, der dich von deinem Partner trennt. Stelle dir vor, dass du jedes Mal, wenn du dich dafür entscheidest, ihm zu helfen, indem du gibst, einen Schritt auf deinen Partner zugehst, bis es schließlich keine Distanz mehr zwischen euch gibt und du dich vollständig mit ihm verbinden kannst. Genieße den Frieden, der zwischen euch herrscht, wenn alle alten Verletzungen und alle Akte der Rache zwischen euch geklärt sind. Du wirst feststellen, dass bei jedem Schritt, den du auf deinen Partner zugehst, er gleichzeitig einen Schritt auf dich zugeht. Vergebung bringt dich deinem Partner immer näher und mit der Nähe wachsen auch Freude und Ganzheit.

Wenn dein Partner unleidlich, negativ, verletzt oder niedergeschlagen ist, mache dir bewusst, dass aller Schmerz aus der Vergangenheit herrührt. Er trägt einen emotional erstarrten Selbstanteil in sich, der sich im Hier und Jetzt zeigt, um geheilt zu werden. Du kannst dich intuitiv auf ihn einstimmen und fragen, wie alt dieser Selbstanteil ist. Lasse dann deine Liebe in ihn einströmen. Halte ihn, liebe ihn und bitte die Engel darum, dir zu helfen. Wenn er genug Liebe und Trost empfängt, wächst er heran, bis er das gegenwärtige Alter deines Partners erreicht hat. Dann verschmilzt er ganz von selbst wieder mit deinem Partner, bringt ein höheres Maß an Ganzheit und verbindet Drähte wieder neu, die im Geist, im Herzen und im Körper deines

Partners durchtrennt waren. Du kannst diese kleine Übung immer dann durchführen, wenn dein Partner sich beklagt oder schlechte Laune hat. So erlangt er allmählich ein immer höheres Maß an Heilung, Ganzheit und emotionaler Reife.

Eine andere ebenso einfache Übung kann dir helfen, wenn *du* dich nicht wohlfühlst oder unleidlich bist. Immer wenn es dir nicht gutgeht oder du dich selbst angreifst, kannst du fragen, wer deine Hilfe braucht. Wenn du durch das Problem oder das schlechte Gefühl hindurch gibst, wird es entweder vollständig aufgelöst und du gelangst in einen Fluss oder die nächste Schicht tritt zutage und du kannst die Übung wiederholen. Ich habe diese Übung vor dreißig Jahren durchgeführt, als ich glaubte, einen Herzinfarkt zu haben. Ich fragte, wer meine Hilfe brauchte, und ließ Liebe in den betreffenden Menschen einströmen. Die Symptome ließen mit jedem Mal etwas nach, verschwanden aber nicht ganz. Als ich zum vierten Mal fragte, wer meine Hilfe brauchte, lautete die Antwort: „Die ganze Welt." Als ich fragte, wie ich das bewerkstelligen könne, erhielt ich die Antwort: „Schreib!" Also stand ich mitten in der Nacht auf, ging nach unten und begann zu schreiben. Mittlerweile sind daraus über dreiundfünfzig Bücher geworden.

Wenn du dich selbst nicht so wichtig nimmst, kannst du präsent sein, um dich an deinem hochsensiblen Partner zu erfreuen und ihn so zu unterstützen, wie er es braucht.

4
Toxische Eltern

Manchmal wird ein hochsensibler Mensch mit toxischen Eltern oder zumindest einem toxischen Elternteil geboren. Manchmal sind vielleicht nicht die Eltern toxisch, sondern es ist die Situation selbst. Das deutet auf eine grundlegende Lektion hin, die ein hochsensibler Mensch als Kind lernen muss. Wenn er diese Lektion mithilfe seiner Eltern oder in der Situation lernen kann, ist er imstande, allen toxischen Menschen zu helfen. Der Bauplan unserer Familie zeigt unsere Lebensaufgabe und ein grundlegender Teil seiner Lebensaufgabe besteht darin, dass er lernt, Toxizität zu heilen. Hinzu kommt, dass alle Menschen in unserer Herkunftsfamilie und ebenso in unserer jetzigen Familie für bestimmte Aspekte unseres Unbewussten stehen, die wir verurteilt und abgespalten haben. Jetzt versuchen wir, uns wieder mit diesen Selbstanteilen zu verbinden und sie zu integrieren, um ein höheres Maß an Selbstvertrauen und Ganzheit zu erlangen. Meist handelt es sich um alte und uralte Persönlichkeiten und Selbstkonzepte. Durch Liebe und Vergebung können wir diese Selbstanteile zurückgewinnen, das aufgeben, was negativ ist, und das, was positiv ist, in neuer Nähe mit anderen Menschen teilen.

Abgespaltene toxische Selbstanteile, die wir auf die

Menschen in unserer Umgebung projiziert haben, sind Bereiche, die von Selbsthass zeugen. Deshalb erfordert es ein hohes Maß an Hingabe, um diese Konflikte zu überwinden, die sich sowohl innen als auch außen abspielen. Manchmal wird die Toxizität durch astrale Einflüsse genährt und ist dadurch besonders bösartig. Die astrale Ebene ist toxisch und tief verdrängt. Bei den Dämonen, Teufeln und dunklen Göttern der astralen Ebene handelt es sich in Wirklichkeit um unser uraltes Ego. Es sind Aspekte des uralten Falls aus dem Zustand des EINSSEINS in die Trennung, die zu dunklen Nächten der Seele geworden sind. Sie stehen für Orte, an denen wir, als wir uns vom Licht abgewandt haben und in die Trennung gefallen sind, nicht nur Anteile unseres Bewusstseins, sondern auch grundlegende Gaben verloren haben. Dies war enorm schmerzhaft und manchmal versuchen wir, diese Orte durch toxische Ereignisse in der Kindheit noch einmal zu durchleben, um sie zu heilen. Heilung ist auch heute noch möglich. Das ist das Ziel unseres höheren Bewusstseins. Das Ego will den uralten Schmerz dagegen verstärken, damit wir endgültig aufgeben und nicht vortreten, um unsere Lebensaufgabe und unsere Bestimmung zu erfüllen. Manchmal wirken sich die astralen Einflüsse aus der Zeit, in der wir uns vom Licht abgewandt haben, auch auf unsere Eltern aus und bringen sie dazu, uns anzugreifen und uns zu verletzen. Dies kann in Form von Gewalt, sexuellem Missbrauch, Süchten, Schwelgen, Unterdrückung, Kritik oder allgemeiner Negativität zum Ausdruck kommen. Eine Verletzung durch toxische astrale Einflüsse hinterlässt eine Wunde, die immer weiter nässt und scheinbar nicht heilen will.

Auch grundlegende Übungen der Heilung wie Neuverbindung, Akzeptanz, Vergebung, Loslassen, Integration und das Hören und Eingehen auf die Hilferufe anderer Menschen können offenkundig keine vollständige Heilung bewirken. Solche Verletzungen lassen sich am einfachsten mithilfe des HEILIGEN GEISTES und GÖTTLICHER LIEBE und GNADE heilen. Wir haben eine Gabe mitgebracht, um toxische Situationen zu heilen. Wir können diese Gabe öffnen und teilen. Wir können außerdem die Gabe des HIMMELS und die GÖTTLICHE LIEBE empfangen und sie mit allen Menschen teilen, die an den toxischen Ereignissen in unserer Kindheit beteiligt waren. Das bewirkt, dass wir uns dem Licht wieder zuwenden, von dem wir uns vor Äonen abgewandt haben.

Wenn wir toxische Eltern hatten und diese Toxizität nicht geheilt haben, treffen wir in unserem Leben für gewöhnlich immer wieder auf toxische Partner oder Situationen, um diese grundlegenden Lektionen zu lernen. Die wichtigste Erkenntnis besteht darin, dass es nicht GOTTES PLAN ist, dass wir in irgendeiner Weise leiden. ER hält stets Heilung und einen Ausweg für uns bereit. Außerdem ist es hilfreich, uns daran zu erinnern: Je dunkler die Falle, umso größer ist die Gabe, die uns auf der anderen Seite erwartet.

Der erste grundlegende Schritt zur Heilung besteht darin, deine Situation zu akzeptieren. Akzeptiere alles, was dir widerfahren ist. Akzeptiere, dass deine Eltern so waren. Akzeptiere, dass die Situation so war. Wenn du ihr weiterhin Widerstand leistest, bleibst du in ihr und auch im Schmerz stecken. Widerstand erzeugt Schmerz. Wenn du die Situation akzeptierst, wirst du vorangebracht. Wenn die ersten Schritte eine Verschlimmerung bewirken, hast du womöglich Zugang zu unbewussten Emotionen erlangt. Das ist gut, denn es zeigt, warum die Situation von einem so hohen Maß an Toxizität geprägt war. Du musst die Emotionen und die Situation nicht mögen, aber du kannst sie so lange immer wieder akzeptieren, bis du an einem Ort ankommst, an dem du von Frieden und Freude erfüllt bist. Auf diese Weise heilst du das Karma aller Menschen, die an der Situation beteiligt waren.

Vergebung ist eine Form des Gebens, die den Menschen, dem du vergibst, auf eine wahrhaftige Weise näher bringt. Je näher du ihm kommst, umso mehr löst sich die Negativität auf und du kannst dich vollständig mit ihm verbinden. Manchmal braucht es dazu einen einzigen Akt der Vergebung, aber manchmal sind auch viele Akte der Vergebung notwendig.

Der nächste Schritt zur Heilung besteht darin, dich dem toxischen Menschen oder der toxischen Situation zu verpflichten, bis er oder sie von aller Dunkelheit frei ist. Jedes Mal, wenn du an den betreffenden Menschen denkst, gib dich ihm vollkommen hin. Damit befreist du ihn allmählich von der Toxizität, die von deinem uralten Fall aus dem Zustand des EINSSEINS herrührt und die er für dich trägt.

Kehre zum Schluss zu toxischen astralen Situationen in der Vergangenheit zurück, in denen du angegriffen wurdest. Bitte die Engel um Hilfe. Finde intuitiv heraus, welche Seelengabe du mitgebracht hast und welche Gabe der HIMMEL für dich bereithält, um die Situation zu heilen. Nimm die Gaben an und teile sie mit dem Menschen, der dich angegriffen oder toxische Energie in die Situation hineingetragen hat. Lasse sie in die Situation hineinströmen. Kehre dann durch dein Leben zurück bis zum Zeitpunkt deiner Empfängnis und teile beide Gaben mit allen Menschen, denen du begegnest. Kehre anschließend um und teile die Gaben wiederum mit allen Menschen, bis du in der Gegenwart angekommen bist.

In *Ein Kurs in Wundern* heißt es, dass GOTT unser einziges Bedürfnis ist. Heiße GOTT und SEINE LIEBE zu dir und den toxischen Menschen in den damaligen Situationen willkommen und werde Zeuge, wie sie sich im Prozess der Heilung entfaltet.

5
Hochsensible Menschen und Ängste

Es ist völlig normal, dass hochsensible Menschen sehr nervös und angespannt sind. Es ist auch völlig normal, dass sie Ängste haben. Sie sind für die Tiefen des Unbewussten offen und diese Offenheit lässt die Tiefe manchmal in die Gefühle hochsensibler Menschen aufsteigen, wo sie Ängste auslöst. Wir müssen alle die Lektionen lernen, die mit Angst zu tun haben. Der Umgang mit Ängsten stellt für einen hochsensiblen Menschen jedoch eine größere Herausforderung dar. Es kann passieren, dass diese Ängste regelrecht hervorbrechen und zu einem reaktiven Gefühlsausbruch führen. Ängste können die Konzentrationsfähigkeit und den Schlaf eines hochsensiblen Menschen beeinträchtigen. Ebenso kann es passieren, dass ein hochsensibler Mensch mit seinen Ängsten umgeht, indem er sie beispielsweise durch übermäßiges Essen, übermäßiges Trinken oder Drogen kompensiert. Andere Formen der Kompensation können Spiel-, Konsum- oder Sexsucht sein. Sogar Überarbeitung, Geschäftigkeit und Wohltätigkeit gehören dazu, sind aber Abwehrmechanismen. Abwehrmechanismen können sich rasch in Schwelgen und Süchte verwandeln. Jeder Ort, an dem jemand übertrieben viel Geld oder Zeit investiert, zeigt einen Abwehrmechanismus. Auch einfache Freizeitbeschäftigungen wie Geselligkeit, Fernsehen, Sport oder das Sammeln von Objekten können in extremer Form eine Kompensation sein. Das Ego kann alles, was wir ohne Bewusstsein tun, für seine eigenen Zwecke missbrauchen. Anstelle des Egos könnten wir uns an unser höheres Bewusstsein und an den HIMMEL wenden, um herauszufinden, was wirklich Erfolg bringt, und uns daran machen, sowohl die tieferen Bereiche unseres eigenen Bewusstseins als auch das kollektive Unbewusste der Menschheit zu heilen.

Der erste und wichtigste Schritt im Umgang mit Ängsten besteht darin, sie zu erkennen. Der zweite Schritt besteht darin, dass wir den HIMMEL bitten, uns zu sagen, wie er damit umgehen möchte. Er tut dies meist in Form von Gnade oder GÖTTLICHEN Gaben und er erinnert uns an die Seelengabe, die wir genau für diese Situation mitgebracht haben. Diese Gabe gibt uns die Möglichkeit, unser Licht in höherem Maße leuchten zu lassen.

Nimm dir ein wenig Zeit, um darüber nachzudenken, in welcher Form sich diese Ängste in deinem Leben gezeigt haben. Wie bist du damit umgegangen? Ängste verbergen oft tiefe und seelenvolle Gaben. Wie hilfreich sie sind, kannst du erkennen, wenn du sie teilst. Du befreist damit andere Menschen von ihren Ängsten und aus der Falle ihrer Kompensationen und in deinem Geben gewinnt deine Gabe an Stärke.

Worte der Kraft sind ebenfalls eine Möglichkeit, mit Ängsten umzugehen. Du kannst zum Beispiel sagen: „Ich könnte stattdessen Frieden sehen“ (*Ein Kurs in Wundern*, Ü-I.34). Wenn du sie mit großer Entschlossenheit aussprichst und um die Hilfe des HIMMELS bittest, werden Ängste oder negative Emotionen nach und nach aufgelöst. Sprich die Worte der Kraft laut aus und nimm dann wahr, wie du dich fühlst. Wenn deine Ängste unbewusste Wurzeln haben, kann zuerst eine Verschlechterung eintreten. Wiederhole die Worte immer wieder, bis du an einen Ort tiefen Friedens gelangst.

Eine weitere hervorragende Methode besteht darin, die Ängste oder die negative Erfahrung zu fühlen. Übertreibe sie. Stelle dir dann vor, dass du durch sie hindurch nach unten sinkst, bis du die darunter liegende Emotion erreichst. Fühle diese Emotion. Übertreibe sie. Wie fühlt sie sich an? Stelle dir nun vor, dass du durch sie hindurch nach unten sinkst, bis du mit der darunter liegenden Emotion in Berührung kommst. Fühle sie. Übertreibe sie. Wie fühlt sie sich an? Stelle dir vor, dass du durch diese Emotion nach unten sinkst. Welches Gefühl findest du dort? Fühle es. Übertreibe es. Wie fühlt es sich an? Stelle dir vor, dass du durch dieses Gefühl nach unten sinkst, bis du bei dem Gefühl ankommst, das darunter liegt. Wiederhole diesen Prozess, bis du bei einem Gefühl tiefen Friedens und tiefer Freude ankommst.

6
Entzaubert, entmutigt, Ausreden

Es ist nicht ungewöhnlich, dass wir verzagt werden. Verzagtheit kann nicht nur die Entzauberung wieder zurückbringen, die wir als Kind erlebt haben, sondern auch das, was wir in Beziehungen, in der Schule und im Beruf durchgemacht haben. Entzauberung ist ein Aspekt der Vergangenheit, der uns so lange immer wieder heimsucht, bis wir ihn heilen. Sie kann dazu führen, dass du die „Glut" des Lebens verlierst. Ein kleinerer Verlust oder eine leichte Unzufriedenheit hat vielleicht zur Folge, dass du dich erkältest oder ein wenig angeschlagen fühlst. Wenn in deinem Umfeld nichts geschieht, das dich entmutigen könnte, kann es sich auch um eine alte Desillusionierung handeln, die zutage tritt, um endlich geheilt zu werden. Vielleicht ist es auch eine in naher Zukunft bevorstehende Geburt, die sich jetzt in Form eines Konflikts zeigt. Die Erkältung oder das Gefühl der Niedergeschlagenheit waren lediglich die Vorboten. Wenn du erkennst, was tatsächlich geschieht, kannst du dich fragen: „Wer braucht meine Hilfe?" Dann kannst du dem betreffenden Menschen durch die Enttäuschung hindurch deine Liebe schenken. Das kann euch beide in einem neuen Fluss voranbringen. Falls du dich danach noch nicht wieder in „Bestform" fühlst, wiederhole einfach die Frage: „Wer braucht meine Hilfe?" Schenke dem betreffenden Menschen durch deine Gefühle hindurch deine Liebe.

Wenn du ihr keinen Einhalt gebietest, kann Entzauberung zu Entmutigung und sogar zu Niedergedrücktheit führen. Gefühle der Bedeutungslosigkeit und der Glaube, dass es nichts bringt, weiterzumachen, können die Folge sein. In diesem Stadium ist immer auch eine andere Dynamik am Werk. Wir benutzen die Situation jetzt als Ausrede, um aufzugeben und nicht weiterzugehen. Alles, was wir zu tun aufgerufen sind, wird zur lästigen Pflicht. Die einfachsten Dinge im Leben kommen uns vor wie ein mühsamer Kampf. Die Erkenntnis, dass wir uns nur einer vergangenen oder gegenwärtigen Situation stellen müssen, in der wir den Mut verloren haben, gibt uns jedoch die Möglichkeit, uns effektiver mit unseren Gefühlen zu befassen. Dann sind wir aufgerufen, uns mithilfe unserer geistigen Kraft zu befreien. Das Thema der Verzagtheit ist weitverbreitet, tritt bei hochsensiblen Menschen aber verstärkt in Erscheinung. Ein hochsensibler Mensch kann durch tiefe Entmutigung tatsächlich zu dem Glauben gelangen, dass es keine Hoffnung gibt. Wenn die Verzagtheit dieses Ausmaß erreicht hat, ist der HEILIGE GEIST die Antwort. Wenn du erkennst, dass du etwas als Ausrede benutzt, weil du dich vor dem nächsten Stadium oder vor dem fürchtest, was du zu tun aufgerufen bist, dann besteht der erste Schritt darin, Verantwortung für deine Erfahrung zu übernehmen. Wenn du deine Erfahrung einem anderen Menschen oder einer Situation zur Last legst, durchkreuzt du die Absicht der Gnade. Übernimm die persönliche Verantwortung für das, was in deinem Leben geschieht. Anderenfalls entgehen dir Chancen zur Heilung, bei denen du ganz einfach die Gnade und die Gaben hättest einsetzen können, die der HIMMEL in jeder Herausforderung für dich bereithält. Bitte den HEILIGEN GEIST darum, die Orte aufzulösen, an denen du angsterfüllt, entzaubert und entmutigt bist und andere Menschen beschuldigst, um deine eigene Schuld und deine Ausreden zu verbergen. Gehe dann in die Stille, um das Wunder zu empfangen. Der HIMMEL ist der große Wahrheitsspender und jeder Verlust an Energie, den du erfährst, entspricht nicht der Wahrheit. Nun kannst du um die Wahrheit bitten, um die Irrtümer deines Geistes zu zerstreuen.

7
Versuchst du, ein Muggel zu sein?

Viele hochsensible Menschen versuchen, ein „Muggel" zu sein. Der Begriff aus der Harry-Potter-Romanreihe bezeichnet die gewöhnlichen Menschen, die für die magisch begabten Menschen kein Verständnis aufbringen. Das Leben voll verwirklichter hochsensibler Menschen kann magisch erscheinen, aber wie bei Harry Potter sind sie in Gutmenschen und Bösewichte gespalten. Wenn sie nicht zur geistigen Ebene aufsteigen, verstricken sie sich in einen Konflikt. In einem Konflikt gefangen zu sein heißt, in Angst gefangen zu sein und kostbare Zeit zu verlieren. Es kann enorm anstrengend sein, als hochsensibler Mensch in einer von ganz normalen Menschen bevölkerten Welt leben zu müssen. Wenn du in eine Familie oder Gemeinschaft von Muggeln hineingeboren wurdest, wolltest du als Seele die Gewöhnlichkeit nicht nur ertragen und meistern, sondern die Menschen in deiner Umgebung retten und erheben. Du fühltest dich bereit für die nächste Ebene und deine geistigen Führer waren davon ebenso überzeugt. Sie haben auf dich gesetzt. Sie hatten und haben noch immer vollkommenes Vertrauen in dich. Wenn du dann auf die Welt kommst, dich umschaust und die Herausforderungen siehst, vor denen du stehst, fällt deine erste Reaktion aber vermutlich anders aus: „Ach du Schande!"

Wenn du auf die Welt kommst, ist das ursprüngliche geistige Vertrauen, dass du alles erreichen kannst, was du dir vorgenommen hast, vergessen. Bei den meisten hochsensiblen Menschen zeigt sich dies in dem Glauben, dass es am besten ist, sich anzupassen und wie alle anderen zu sein. Sie erlauben sich vielleicht, in kleineren Dingen zu glänzen, glauben aber, dass sie zur Zielscheibe werden, wenn sie allzu sehr im Rampenlicht stehen. Das Leben als Muggel ist nichts anderes als Aufopferung, weil es bedeutet, dass hochsensible Menschen sich selbst untreu geworden sind. Sie hatten nie ein gutes Vorbild dafür, was es bedeutet, als hochsensibler Mensch zu leben. Deshalb fühlen sie sich zwar zu Menschen hingezogen, die sie inspirieren, sind aber nicht bereit, ihren Platz als hochsensibler Mensch einzunehmen. Ein hochsensibler Mensch ist aufgerufen, seine eigene Form der Inspiration zu finden und darüber hinauszugehen, um nicht nur ein Führer, sondern vielmehr ein „Einiger" zu sein. Das geschieht nur, wenn er seine Lebensaufgabe erfüllt und seine Bestimmung als hochsensibler Mensch annimmt. Hochsensible Menschen bringen erlösende Gaben und sind niemals glücklich, wenn sie sich verstecken.

Als hochsensibler Mensch kannst du dich fragen, zu wie viel Prozent du ein Muggel bist. In welchen Bereichen versteckst du dich? Welche Gaben verbirgt die Tatsache, dass du dich versteckst? Bist du bereit, aus deinem Versteck zu kommen, um du selbst zu sein und deine Bestimmung zu erfüllen? Es gibt eine Möglichkeit, es zu tun, ohne die

Menschen in deiner Umgebung alleinzulassen. Du kannst sie auf eine höhere Stufe heben und trotzdem der sein, der du in diesem Leben sein wolltest.

Es gibt noch einen weiteren wichtigen Aspekt, der angesprochen werden muss. Wenn du dich aufopferst, versteckst du dich und spielst eine Rolle. Eine Rolle ist eine Form von Aufopferung. Sie bedeutet, dass du dich zurückgezogen hast und nicht in dem Maße gibst, in dem du zu geben aufgefordert bist oder das dich glücklich machen würde. Du schwelgst in dem Maße, in dem du dich aufopferst, aber Schwelgen erschöpft dich ebenso sehr wie Aufopferung. Ein Muggel zu sein bedeutet, in einem Teufelskreis aus Aufopferung und Schwelgen gefangen zu sein. Du hast Angst davor, dich zu zeigen, und willst diese Tatsache ausgleichen, indem du dich aufopferst. Du könnest den HIMMEL bitten, dir den Weg zurück zu deinem SELBST zu zeigen. Du kannst dich führen lassen, wenn du es willst. Was willst du? Was willst du wirklich?

8
Gegen den Himmel kämpfen

Ein Mensch, der sich seiner persönlichen Entwicklung verschrieben hat, ist viel besser vorbereitet, wenn die Zeit kommt, in der er sich grundlegenden Themen stellen muss. Diese Themen können ausgesprochen herausfordernd sein, wenn alles, was vorher funktioniert hat, jetzt offenkundig nicht mehr funktioniert. Ein grundlegendes Thema kann ein Problem sein, vor dem du selbst, dein Partner oder ein anderer Mensch steht. Dabei handelt es sich um uralte Muster, die in dieses Leben mitgebracht wurden, um sie ein für alle Mal zu transformieren. Wenn du erkennst, dass das der Fall ist, ist die Chance wesentlich größer, das Problem zu heilen.

Auf den tiefsten Ebenen solcher Probleme verbirgt sich naturgemäß ein Autoritätskonflikt. Neben deinem Partner umfasst er zumeist auch einen oder beide Elternteile sowie andere Autoritätspersonen, mit denen du in Konflikt geraten bist. Der Kampf, den du gegen sie führst, steht für einen Ort, an dem du um deine Eigenständigkeit kämpfst, nicht für einen Ort der Gegenseitigkeit und des Erfolges, an dem es keine Kompromisse und keine Aufopferung gibt. Gegenseitigkeit ist ein Ort der Wahrheit und der Partnerschaft. Sie ist ein Ort, der Vergebung und

Hingabe ohne Angst vor Erfolg fordert. Ein äußerer Konflikt mit einem anderen Menschen zeugt von einem inneren Konflikt zwischen zwei unvereinbaren Selbstanteilen. Der Mensch, mit dem du in Konflikt stehst, bringt den Anteil deines Bewusstseins zum Ausdruck, mit dem du dich am wenigsten identifizierst. Manche dieser Anteile spiegeln frühere Leben und dein Handeln wider. Weil du sie nicht magst, hast du sie irgendwann verurteilt, abgespalten, verdrängt und nach außen projizierst. Trotzdem ist das, was du siehst, das, was du von dir selbst glaubst. Wahrnehmung ist Projektion. In diesem Sinne ist alle Vergebung auch Selbstvergebung. In dem Maße, in dem wir andere Menschen akzeptieren und ihnen vergeben, akzeptieren und vergeben wir auch uns selbst. Die Anteile, über die wir in der Vergangenheit geurteilt haben, kommen der Integration und der Ganzheit in unserem Leben und in unserem Bewusstsein nun näher. Wenn wir oft genug akzeptieren und vergeben, verändert sich unser Leben. Hingabe und die Verbindung mit einem anderen Menschen haben die gleiche Wirkung. Wir müssen nicht unbedingt einer Meinung mit ihm sein, aber wir können uns von Geist zu Geist und von Licht zu Licht mit ihm verbinden. So integrieren wir unsere beiden gegensätzlichen Glaubenssysteme ebenso wie das abgespaltene und tiefer verborgene Glaubenssystem im Unbewussten. Das neue Maß an Ganzheit und Selbstvertrauen, das daraus entsteht, gibt uns beiden die Möglichkeit, den nächsten Schritt zu gehen. Hingabe ist weder Aufgeben noch Aufopferung, sondern eine innige Verbindung, die eine positive Veränderung bewirkt.

Wenn du die kleineren Autoritätskonflikte aufarbeitest, entdeckst du den großen Autoritätskonflikt, mit dem du gegen GOTT kämpfst. Alles, was du einem Menschen zur Last legst, legst du allen Menschen und in gleichem Maße auch GOTT zur Last. Jeder Groll, den du gegen einen anderen Menschen hegst, ist ein Groll, den du auch gegen GOTT hegst. Wenn du darüber nachdenkst, erkennst du, dass du über GOTT urteilst. Der nächste Schritt ist die Erkenntnis, dass GOTT unmöglich das getan oder nicht getan haben kann, dessen du IHN beschuldigst. Anstelle von GOTT kannst nur du es getan haben oder unterlassen haben, was getan werden musste. Wenn du GOTT und dir selbst vergeben kannst, kannst du zahllose Menschen befreien.

Unter jedem chronischen Problem verbirgt sich ein Groll, der gegen einen wichtigen Menschen und gegen GOTT gerichtet ist. Wenn du ihn aufgibst, wirst du befreit. Ein heimlicher Grund für den Kampf gegen GOTT ist ein Götze, eine Abhängigkeit oder eine Form des Schwelgens, die du nicht aufgeben willst. Du glaubst, jemand habe ein Bedürfnis nicht erfüllt, das für dein Glück oder deine Sicherheit von entscheidender Bedeutung ist. Schwelgen führt naturgemäß zur Aufopferung, Süchte führen zu selbstdestruktivem Verhalten und Götzen haben Desillusionierung und zerschlagene Träume zur Folge. Dieses enorm hohe Maß an Negativität ist ebenfalls Teil unseres Kampfes gegen GOTT, denn ER will nichts anderes als unser Glück. Wir weisen unser Glück zurück zugunsten von etwas, für das wir uns entschieden haben und das dem WILLEN GOTTES zuwiderläuft. Wir benutzen unsere Negativität, um Eigenständigkeit zu erreichen. Wir tun es, um unser Ego zu stärken, statt uns der Wahrheit hinzugeben. Jede Vorstellung, die unseren Selbstkonzepten entspringt und die unsere Welt erschafft, benutzen wir, um sie zwischen uns und GOTT zu stellen. Diese dunklen konfliktbehafteten Schichten liegen natürlich tief im Bewusstsein verschüttet. Dir dieser Themen bewusst zu sein, kann dir helfen, dir auch dessen bewusst zu sein, was du tust, und dich davor bewahren, die Hoffnung zu verlieren und zu glauben, die Arbeit an deiner Heilung sei reine Zeitverschwendung gewesen. Genau dann, wenn du eine dunkle Erfahrung machst, ist es in Wirklichkeit an der Zeit, tiefer zu gehen und zu erkennen, wie viel Hilfe du empfangen könntest. Du könntest dich dem Plan GOTTES für dein Glück hingeben und zulassen, dass ER dir hilft. Eine große Lektion, die du zu lernen hast, wurzelt in einer äußeren Sache, die du von der Welt zu brauchen glaubtest, die in Wirklichkeit aber eine Illusion war. Sie kann aufgelöst werden, indem du den Anteil deines Bewusstseins wiederfindest, den du verloren hattest, und von neuem Anspruch darauf erhebst. Das erschließt dir seltene und erlösende Gaben, die die Welt und dein Bewusstsein einen und dir ein höheres Maß an Frieden bringen.

Deine Götzen und deine Bedürfnisse führen zu tiefer Enttäuschung und zur Selbstkreuzigung. Du kannst sogar Leiden, Krankheit, Schuld, Angst und deine eigenen Selbstkonzepte in Götzen verwandeln. Diese Götzen erzeugen große Probleme und Muster, die uns lähmen und gleichzeitig verhindern, dass wir uns weiterentwickeln. Wenn du dir der dunklen Fallen bewusst bist, die bewirken, dass du stecken bleibst, bist du hinreichend vorgewarnt, um mit ihnen umgehen zu können. „Gefahr erkannt, Gefahr gebannt.“ Dies ist der Ort, an dem du dich einmal mehr zu deiner Bestimmung bekennen kannst. Dies ist der Ort, an dem du tiefen Frieden und die mit ihm verbundene Freude erfahren kannst. Diese Heilung bringt Gesundheit, Fülle und seltene Gaben.

Nur ganz wenige Menschen erreichen dieses Stadium und erkennen, was vor sich geht, davon, dass sie es erfolgreich bewältigen, ganz zu schweigen. Hochsensible Menschen wollen dieses Stadium nicht nur erreichen, sondern es auch erfolgreich bewältigen. Versagen kann für einen hochsensiblen Menschen in jedem Stadium äußerst schmerzhaft sein, aber auf diesem letzten Abschnitt und mit dem Ziel ihrer Bestimmung vor Augen kann eine Falle ein enorm hohes Maß an Bitterkeit erzeugen. Statt Gott unser eigenes Versagen zur Last zu legen, können wir ihm für das vergeben, was er niemals tun oder nicht tun könnte. Gleichzeitig können wir die falsche Eigenständigkeit unseres Egos aufgeben und erkennen, dass es keinen anderen Willen als den Willen Gottes gibt. Das bringt uns unsere Sorgenfreiheit zurück.

9
Nimm dich selbst nicht so wichtig

Ichbezogenheit kann unterschiedliche Formen annehmen. Du kannst in deiner Persönlichkeit, deinem Schmerz, deinem Aussehen, deinen Gaben oder deinen Unterschieden zu anderen Menschen gefangen sein. Ichbezogenheit bedeutet, so sehr in deinem Leben und in deinen eigenen Zielen gefangen zu sein, dass du dir anderer Menschen, ihrer Gefühle und dem, was in ihnen vorgeht, gar nicht bewusst bist. Dies ist eine grundlegende Egofalle, mit der sich alle Menschen auseinandersetzen müssen, die für einen hochsensiblen Menschen jedoch der Untergang sein kann. Stelle dir die Frage, in welchem Maße dein Leben sich nur um „dich“ dreht. Es entspricht dem Maß, in dem du das Leben, ***das sich nur um dich dreht***, nicht genießen kannst. Du betrügst dich in Wirklichkeit selbst um Gewahrsein und Vergnügen ebenso wie um die Freude, die von Verbindung und Verbundenheit herrührt. Das Maß deiner Ichbezogenheit entspricht dem Maß, das dein Leiden annehmen kann. Du bist in dem Maße ekstatisch, in dem dein Gewahrsein vollkommen nach außen gerichtet ist. Es ist der Unterschied zwischen Selbstsucht und einer so tiefen Erdung in deiner Zentriertheit, dass du Freude in dem spüren kannst, was dich umgibt. Das Gefühl der Getrenntheit von allem, was außerhalb von dir ist, ist der Preis, den das Ego dir für die Trennung mit ihrer Angst, ihrer Schuld ihrem Groll abverlangt hat, um deine Schuld, dein Konkurrenzdenken und deinen Autoritätskonflikt zu verbergen.

Mache dir bewusst, wie groß deine Ichbesessenheit ist. Welche Wirkung hat sie auf dein Leben? Willst du Besonderheit oder Liebe? Willst du Beachtung wegen deines Schmerzes oder deiner Fähigkeiten gewinnen oder willst du auf alle Menschen eingehen, dich selbst eingeschlossen? Wenn du an dieser Stelle vom Weg abkommst, gelangst du niemals zu deiner Bestimmung, die in einem von belastbarem Glück erfüllten Leben und darin besteht, Freude zu spenden. In den fernsten Stadien deiner Bestimmung fühlst du dich vollkommen frei und abhängig von GOTT und SEINEN Wundern.

Entscheide dich immer wieder für das, was du willst. Nimm wahr, wann du vom Weg abgekommen bist, und korrigiere deinen Kurs. Deine Lebensaufgabe, deine Bestimmung und deine Beziehungen sind für deinen Aufstieg von ganz entscheidender Bedeutung. Was willst du?

10
Der Götze der Kreuzigung

Ein Kurs in Wundern, T-11.VI.7

Der Götze der Kreuzigung gehört zu den schmerzhaftesten Götzen, die es gibt. Götzen sind falsche Götter, die das Ego geschaffen hat. Es sind äußere Dinge, von denen wir hoffen, dass sie uns glücklich machen und für unsere Sicherheit sorgen. Wir können alles zu einem Götzen machen. Wir können wahre Dinge verfälschen, indem wir sie in Götzen verwandeln. Wir können einen Menschen, Erfolg, eine Beziehung, Schönheit, Intelligenz oder einen Ort zu einem Götzen machen. Natürlich gibt es auch die klassischen Götzen wie Geld, Essen, Alkohol, Drogen, Ruhm oder Sex und Rock'n'Roll. Dann gibt es die tiefer verborgenen und ruchlosen Götzen wie Grausamkeit, Leiden, Krankheit, Tod und Kreuzigung. Diese Götzen gehören zum Waffenarsenal des Egos und wenn wir sie uns durch falsches Denken, fehlerhafte Logik oder die Lügen des Egos zu eigen machen, halten wir sie zunächst für eine gute Idee. Später erkennen wir nicht, woher das hohe Maß an Schmerz und Negativität rührt. Dabei waren es unsere falschen Entscheidungen, die das Ego, nicht aber uns gestärkt haben. Götzen führen zu Desillusionierung und zerschlagenen Träumen.

Götzen können tief im Bewusstsein vergraben oder unsichtbar direkt vor unseren Augen verborgen sein. Auch wenn dunkle Götzen meist tief verborgen sind, können wir mithilfe unserer Intuition Zugang zu ihnen erlangen. Der Götze der Kreuzigung verursacht entsetzliches Leiden. Du glaubst, dass es hilfreich ist, dich selbst zu kreuzigen, aber was kannst du vom Kreuz aus erreichen? Und wie soll dein Leiden anderen Menschen helfen? Hinzu kommt, dass du niemals nur dich allein kreuzigst. Wenn du dich selbst ans Kreuz nagelst, durchbohrst du mit jedem Nagel, den du durch deine Hände treibst, auch die Hände der Menschen, die du liebst. Und in dem Maße, in dem du den Götzen der Kreuzigung in dir trägst, werden die Menschen in deiner Umgebung entweder gekreuzigt oder aber du hilfst ihnen, indem du das Holz und die Nägel auswählst, um alles für die Kreuzigung vorzubereiten.

In *Ein Kurs in Wundern* heißt es, dass wir alle gleichermaßen eine Rolle in der Erlösung spielen. Dennoch sind es die hochsensiblen Menschen, die eigens gekommen sind, um das Stadium der Einheit zu erreichen und erlösende Gaben zu finden. Es ist ein sehr hochgestecktes Ziel, das Stadium der Einheit in einem Leben erreichen zu wollen, aber es ist machbar, wenn du dich ihm verpflichtest und beharrlich daran arbeitest. Frage dich, wie viele Götzen der Kreuzigung du in dir trägst. Frage dich, welche Auswirkungen sie auf dein Leben und auf die Menschen in deiner Umgebung haben. Stelle dann die entscheidenden Fragen: Was beweisen sie? Wofür benutzt du sie? Welche Ausrede liefern sie dir? Sind sie das, was du wirklich willst? Wenn sie es nicht sind, stelle dir vor, dass du sie zum Handelsposten GOTTES bringst, und nimm wahr, was dir im Gegenzug dafür gegeben wird. Es ist stets etwas, das dir hilft, deinen Weg zu gehen, und das den Menschen in deiner Umgebung ein neues Maß an Erlösung und Auferstehung bringt.

11
Das Stadium der Wiederherstellung

Im Stadium der Wiederherstellung befinden wir uns auf der Ebene der radikalen oder spirituellen Abhängigkeit. Es ist die Zielgerade auf dem Weg zum HIMMEL auf Erden. Obwohl hochsensible – und natürlich auch alle anderen – Menschen dieses Stadium bisher nur selten erreichen, wird dies in Zukunft immer häufiger der Fall sein. Deshalb soll dieses Kapitel als Wegweiser dienen und helfen, die Fallstricke in diesem Stadium zu überwinden. Im Stadium der Wiederherstellung gewinnst du Anteile deines Bewusstseins und damit in immer höherem Maße auch deine Ganzheit zurück und hast verstärkt mit Engeln zu tun. Das Stadium der Wiederherstellung hat bereits vor der Zeit stattgefunden, in der wir einen Körper angenommen haben. Weil wir uns vom Licht abgewandt haben, sind wir immer tiefer in die Trennung hineingefallen.

Dieser Bereich ist das Stadium astraler Einflüsse. Es ist ein Stadium, in dem wir uns, während wir gefallen sind, selbst verurteilt und den Schmerz und die Dunkelheit zumindest in unserem eigenen Bewusstsein abgespalten, verdrängt und dann nach außen projiziert haben, um so zu tun, als ob wir damit nichts zu schaffen hätten. Das hat dunkle Götter, Teufel und Dämonen entstehen lassen.

Dabei handelt es sich um äußerst mächtige Anteile unseres Bewusstseins und als wir uns dieser Bewusstseinsanteile vermeintlich entledigt haben, haben wir uns zugleich einiger sehr mächtiger Gaben und Fähigkeiten entledigt. Deshalb ist eine Begegnung mit Dämonen oder Teufeln in Wirklichkeit eine Begegnung mit unserem uralten Ego. So bösartig und zerstörerisch sie uns auch erscheinen mögen, sind es in Wahrheit doch nur Anteile unseres eigenen Bewusstseins, die zu uns zurückkommen wollen. Wenn wir sie oder uns selbst nicht verurteilen, sondern sie einfach als Hilferuf betrachten, wird unsere Angst verringert oder sogar aufgelöst. Wenn wir erkennen, dass sowohl der dunkle Weg als auch die dunklen Weggefährten nur Illusionen sind, nimmt unsere Angst noch weiter ab. Wenn wir akzeptieren und vergeben, können wir die Situation in eine Situation des Friedens verwandeln. Wenn wir uns ins Gedächtnis rufen, WER mit uns geht, können wir niemals Angst haben. Wie aller Schmerz, alle Angst und alle Schuld sind auch diese dunklen Erfahrungen nur Fantasievorstellungen des Egos. Wenn wir das PARADIES endlich erreichen, werden wir erkennen, dass alle Dunkelheit eine Illusion war. Dazu gehört auch alles, was negativ und was positiv ist, und alles, was wahr und was falsch ist. Dies sind Dualitäten, die das Ego erzeugt hat und die im Stadium der Vereinigung oder im Stadium des HIMMELS auf Erden nicht existieren. Die Aufgabe der Dualität des Egos ist das letzte Ziel im Stadium der Vereinigung, das unmittelbar auf das Stadium der Wiederherstellung folgt und dem EINSSEIN unmittelbar vorangeht.

Jeder Fall in die Trennung, den wir im Stadium der

Wiederherstellung erlebt haben, war ein Fehler, aber Fehler können berichtigt werden. Jeder Fall wurde zu einer dunklen Nacht der Seele. Wenn wir dunkle Nächte der Seele durchlebt haben, dann heißt das, dass wir versucht haben, Heilung zu erlangen, uns dazu aber für den schweren Weg entschieden haben. Das ist natürlich immer noch besser, als gar nicht an unserer Heilung zu arbeiten. Neben den in meinem Buch *Hochsensibilität als Gabe und Chance begreifen* beschriebenen Methoden der Heilung gibt es noch zwei weitere Übungen, die besonders gut für das Stadium der Wiederherstellung geeignet sind. Dunkle Nächte der Seele sind Erfahrungen tiefer Pein und Qual und trotz größter Bemühungen kann es manchmal Monate oder noch länger dauern, bis wir den Weg hinaus finden.

Die folgenden Übungen können den Heilungsprozess beschleunigen und enorm erleichtern. Bei der Arbeit mit dem Unbewussten ist es ausgesprochen hilfreich, Metaphern zu benutzen, da der Zustand der Trostlosigkeit hier viele Tage oder gar Wochen andauern kann. Wenn du bereit bist, stelle dir also vor, dass eine Wolke, eine Welle oder ein Hügel für deinen Fall aus dieser höheren Ebene steht. Du bist viele hundert Male aus dieser Höhe gefallen, als du dich vom Licht abgewandt hast. Jedes Mal hast du einen Anteil deines Bewusstseins verloren und dich von einer großen Gabe abgewandt. Selbst in Anbetracht des enorm hohen Maßes an Heilung, das du bereits erlangt hast, können deshalb entsetzliches Leiden und großer emotionaler Schmerz zutage treten, wenn du dich diesem Bereich näherst. Hoffentlich hast du hinreichend an deiner Heilung gearbeitet, um die Erfolge genießen zu können, die sich einstellen, wenn du an einigen dieser dunklen Wolken oder Hügel vorbei aufsteigst. Der Durchbruch, den du jetzt erreichst, kann dir uralte Bewusstseinsanteile mit ihrer Macht und ihren Gaben und ein enorm hohes Maß an Ganzheit zurückbringen. Bitte um die Hilfe deines Meisterlehrers und einer Engelschar. Stelle dir vor, dass die Wolken, Wellen oder Hügel sich in einer stetig ansteigenden Reihe bis hin zum Ende des Stadiums der Wiederherstellung und in das Stadium der Vereinigung hinein vor dir erstrecken. Spüre dich in die dunkle Energie hinein, um herauszufinden, ob es sich um eine Wolke, eine Welle oder einen Hügel handelt. Welche Emotion nimmst du wahr? Welches dunkle Gefühl nimmst du hier wahr? Sobald du es spürst, bitte deine Engelmannschaft darum, dir den Anteil deines Bewusstseins zurückzubringen, denn du bei deinem Fall verloren hattest. Bitte darum, dass dir auch die Gabe, die du verloren hattest, zurückgegeben werden möge. Nimm wahr, wie du dich fühlst, wenn dieser Anteil deines Bewusstseins und auch die Gabe wieder in dich hinein integriert werden. Worin besteht die Gabe? Wie viel Prozent deines Bewusstseins konntest du zurückgewinnen? Gehe anschließend zur nächsten Wolke, zur nächsten Welle oder zum nächsten Hügel weiter und wiederhole die oben beschriebenen Schritte, um dich selbst und deine Gaben zurückzugewinnen.

Du kannst diese Übung auch mit Themen durchführen, die dir besondere Schwierigkeiten bereiten, wie etwa Gesundheit, Angst, Schuld, Herzensbruch, Mangel, Verlust oder Beziehungen. Sie alle weisen Brüche in diesem Stadium auf, das der Ursprung dieser Muster ist. Einige der toxischen Elemente fließen in das Elend, die Wutausbrüche, die falsche Einstellung, den Starrsinn und den Autoritätskonflikt im Stadium der Einheit ein. Du kannst diese Übung sogar mit kollektiven Themen wie Aufständen, Krieg, Wirbelstürmen, Hungersnöten oder Waldbränden durchführen. Du kannst deine Engelmannschaft bitten, dich auf die entsprechende Wolke, die entsprechende Welle oder den entsprechenden Hügel zu tragen. Nimm die Emotionen wahr. Wie fühlen sie sich an? Bitte deine geistige Mannschaft nun, den Anteil deines Bewusstseins wiederherzustellen und dir die Gabe zurückzubringen, die du verloren hattest. Bitte darum, auf den Gipfel des Hügels getragen zu werden. Empfange das GÖTTLICHE Gegenmittel für das entsprechende Thema, damit es geheilt wird, während dieser Anteil deines Bewusstseins wiederhergestellt wird. Was geschieht mit dir, während die Gabe, die du vor so langer Zeit verloren hattest, zu dir zurückkehrt? Wenn der Prozess vollendet ist, teile die Gaben und die Ganzheit, die dir zurückgegeben wurden, mit den Menschen, die sie brauchen. Jeder Akt der Teilung lässt sowohl deine Gaben und deine Ganzheit als auch dein Selbstvertrauen wachsen. Was nach außen projiziert wurde, wird nun als Ganzheit wieder in dich hinein integriert, und du gewinnst sowohl einen Anteil deines Bewusstseins als auch eine große Gabe zurück.

12
Bösartigkeit heilen

Fast jeder bekommt es irgendwann einmal mit Bösartigkeit zu tun. Bösartigkeit kann einen feinfühligen hochsensiblen Menschen sehr tief verletzen, vor allem dann, wenn sie an Toxizität oder astrale Einflüsse geknüpft ist. Dennoch ist ein hochsensibler Mensch in der besten Position, wenn es darum geht, Bösartigkeit zu heilen. Bösartigkeit, die du nicht heilst, wenn du es mit ihr zu tun bekommst, kannst du als Verletzung oder als bösartigen Abwehrmechanismus übernehmen. Das geschieht dann, wenn du einem Menschen begegnest, der bösartig ist, und ihm nicht hilfst, seine Bösartigkeit zu heilen.

Ein zu hohes Maß an Stress kann dazu führen, dass auch du bösartig wirst. Wenn du die falsche Richtung einschlägst und deine Hochsensibilität für einen Zweck benutzt, der mit Besonderheit, Konkurrenz und Überlegenheit zu tun hat, kann Bösartigkeit die Folge sein. Es ist wichtig, daran zu denken, dass das, was du in der Welt siehst, das ist, was du in dir trägst, aber aus Angst nach außen projiziert hast. Wenn das der Fall ist, hast du versucht, deine Bedürfnisse durch das erfüllt zu bekommen, was du projiziert hast. Dann bist du weit vom Weg abgekommen und hast deine Gaben vermutlich benutzt, um einen persönlichen Vorteil zu erzielen.

Bösartigkeit in dir oder in deinem Umfeld weist dich also auf einen Ort in dir hin, an dem eine grundlegende Kurskorrektur erforderlich ist. Die Wut eines bösartigen Menschen verteidigt sein Ego und wenn du wütend reagierst, dann verteidigst du dein Ego. Seine Bösartigkeit zeigt, dass er schlecht investiert hat, und wenn du in der gleichen Weise reagierst, tätigst du ebenfalls eine schlechte Investition und verstärkst das Muster in euch beiden. Ein wütender, bösartiger Mensch bittet dich um Hilfe und du trägst die Gabe in dir, die ihn und auch dich befreien würde, wenn du sie mit ihm teilst.

Du bist bei einer wichtigen Entscheidung angekommen, die darin besteht, ob du dein Ego oder deine spirituelle Bewusstheit stärken willst. Dein Ego sorgt dafür, dass sich das Leben nur um dich dreht, während dein spirituelles Leben sich nur um Liebe und Freude dreht. Das Ego will dich davon überzeugen, dass ihr beide ein und dasselbe seid und dass du dein Körper bist. Die Wahrheit ist, dass du diese Dinge *hast*. Du *bist* sie nicht. Dein Körper ist ein Lerninstrument. Es gibt einen Weg, dich hervorzutun, ohne mit allen Menschen in Konkurrenz zu treten. Er besteht darin, dein wahres Selbst zu sein. Wenn du immer wieder in die Falle der Bösartigkeit tappst und Ausreden dafür vorbringst, entfernst du dich von deinem Wesenskern und ganz sicher von deinem besten Ich. Du kannst deine Bösartigkeit, deine Niederträchtigkeit und deine Rache als Zeichen dafür nehmen, dass etwas in deinem Bewusstsein einer grundlegenden Berichtigung bedarf. Bösartigkeit in deinem Umfeld bedeutet, dass sie in dir selbst verborgen liegt und du sie anziehst oder irgendwann ausagierst, solange du sie nicht heilst. Wenn du sie nicht heilst, wirst du blind dafür, dass du sie ausagierst, statt dein Leben und das Leben anderer Menschen leichter zu machen. Auch wenn du sie verdrängst, hat sie in deinem Alltag dennoch Blockaden und Energieverlust zur Folge.

Es ist wichtig, dass du als hochsensibler Mensch eine Möglichkeit findest, dir bewusst zu machen, was in deinem Leben einer Kurskorrektur bedarf. Sonst kannst du rasch vom Kurs abkommen. Wenn du also jemanden findest, der dich führen und leiten kann, wertschätze ihn. Als hochsensibler Mensch bist du mit einem wichtigen Auftrag gekommen und die Erfüllung deiner Lebensaufgabe hilft dir, dich über deinen immanenten Wert als KIND GOTTES hinaus wertvoll zu fühlen. Wenn du vom Weg abkommst, entstehen Schuld und Gefühle, die du zu kompensieren beginnst. Dein Leben kann unangenehm werden, wenn das Ego seine Krallen in dich schlägt. Du hast eine wichtige Mission und eine kostbare Bestimmung, aber wenn du scheiterst, trägst du die Verantwortung. Ohne diese Dinge kannst du weder erfüllt noch glücklich sein.

Lege dein Bewusstsein heute in die Hände des HEILIGEN GEISTES, damit es geheilt und von allem gereinigt werden kann, was nicht der Wahrheit entspricht. Dazu gehören Bösartigkeit, Wut, Toxizität und astrale Einflüsse. Dazu gehören dunkle Emotionen und falsche Götter. Dazu gehören der Autoritätskonflikt und Schuld. Der HEILIGE GEIST löst Herzensbruch, Rache und alle anderen Dinge auf, die du angesammelt hast, weil sie nicht geheilt wurden. Erfrische und verjünge dich. Lasse falsche Rollen und unnötige Abwehrmechanismen los. Lasse zu, dass dein Bewusstsein mit dem WILLEN des HIMMELS in Übereinstimmung kommt. Du kannst heute sorgenfrei leben ohne Bösartigkeit oder die Notwendigkeit, dich gegen einen solchen Angriff zu verteidigen.

13
Alles ist Angst

Es gibt eine einfache Möglichkeit, jedes Problem unabhängig davon anzugehen, worin dein Symptom besteht. Allem, was dich blockiert, liegt Angst zugrunde. Angst ist eine der Wurzeln aller Probleme und wenn sie aus dem Weg geräumt wird, kann sich das Hindernis auflösen. Schaue zurück auf die großen Probleme, Traumen und Herzensbrüche, die dir im Leben widerfahren sind. Wovor hattest du Angst? Womit glaubtest du nicht umgehen zu können und hast ihm deshalb einen Herzensbruch vorgezogen? Was glaubtest du durch den Schmerz oder das Problem zu gewinnen, das dir der nächste Schritt nicht geben konnte? Was glaubtest du zu verlieren, wenn du den nächsten Schritt gehst? Bereitwilligkeit durchschneidet Angst. Sie bewirkt eine Veränderung deines Denkens fort von Urteilen und Angriffsgedanken hin zu Segenswünschen und Wohlwollen. Angst rührt nicht von äußeren Themen her, sondern von unserer Reaktion auf diese Themen. Wenn wir Widerstand leisten, urteilen und reagieren, wächst unsere innere Angst. Wenn wir uns stattdessen für Liebe und Vertrauen entscheiden, entwickelt sich das, was negativ war, in eine positive Richtung. Selbstvertrauen rührt daher, dass wir an uns selbst glauben. Wenn wir nicht an uns glauben, so können wir dennoch Selbstvertrauen haben, indem wir uns daran erinnern, WER mit uns geht. Erinnerung ist alles, was es braucht. Wir können SEIN Vertrauen in uns benutzen.

Auch wenn hochsensible Menschen die Angst intensiver erleben können, so nehmen sie doch auch wahr, dass ihr Selbstvertrauen wächst, wenn sie das Vertrauen ihres Engels in sich spüren. Die LIEBE, die neben ihnen geht, stärkt sie und steht ihnen bei.

Tappe nicht in die Falle der Angst oder der vielen Symptome und Ausreden, die das Ego benutzt, um dich daran zu hindern, den nächsten Schritt zu gehen. Das Ego gibt vor, dich von deiner Angst zu befreien, nimmt dir aber immer nur einen Teil der Angst, weil es selbst aus Angst besteht. Es ist eine Illusion, die mit der Trennung gekommen ist, in der die Angst begonnen hat. Alles, was dich mit einem anderen Menschen verbindet oder zusammenbringt, heilt Angst, weil es die Trennung auflöst. Bei kreativen oder künstlerischen Projekten kannst du die Angst als Treibstoff benutzen und deine Leidenschaft oder deine künstlerischen Fähigkeiten durch die Angst hindurch in das Ziel einströmen lassen, auf das du hinarbeitest. Stelle dir vor, dass die Angst der Treibstoff ist, den du benutzen kannst, um deinen Herzenswunsch zu verwirklichen. Transformierte Angst kann sich in Schönheit und Kraft verwandeln.

Angst und Angriff bilden einen Teufelskreis. Wenn du erkennst, dass alles, was keine Liebe ist, ein Hilferuf ist, hast du es nur noch mit der Angst zu tun. Wenn du dich näher mit der Angst befasst, kannst du sie zu dem grundlegenden Glaubenssatz zurückverfolgen, der sie entstehen lässt. Das Ego benutzt dieses Selbstkonzept, um die Liebe zu verbergen und seine eigene Macht zu stärken. Stelle dir vor, dass alle Menschen, die dich lieben, sich gemeinsam mit dir und einer Engelschar auf der Insel dieses Glaubenssatzes befinden. Lasse zu, dass sie diesen illusionären Glaubenssatz auflösen, bis du dich im darunter liegenden Ozean der Liebe wiederfindest. Schwimme in dieser Liebe, bis sie dich mit Selbstliebe erfüllt hat.

14
Geben

Geben ist ein Bereich, in dem ein hochsensibler Mensch sich wirklich hervortun kann. Wenn er nicht in Besonderheit oder in Aufopferung gefangen ist, kann er herrliche und kostbare Gaben geben. Geben ist der Ort, an dem hochsensible Menschen ihr Licht besonders hell leuchten lassen können. Wenn sie vergessen haben, zu nehmen und zu bekommen, können sie auf eine besonders erlesene Weise geben. Das schließt auch die Kunst ein. Sie inspiriert andere Menschen und bringt einem hochsensiblen Menschen gleichzeitig Erfüllung. Geben ist der Bereich, in dem ein hochsensibler Mensch einen entscheidenden Beitrag leisten kann. Sein Geben ist inspiriert. Es erhellt die Welt und kann alle Menschen auf eine höhere Stufe heben.

Geben ist eine Form von Liebe. Auch wenn hochsensible Menschen sehr geschickt darin sind, ihre „Perlen nicht vor die Säue" zu werfen, so können sie anderen Menschen dennoch Wege voller Zauber und Geheimnisse erschließen, wenn sie den Menschen von sich selbst geben, die es nicht zu schätzen wissen. Das lockt andere Menschen zu einem Leben mit größeren Möglichkeiten. Wie die Schönheit inspiriert auch Geben andere Menschen, sich zu öffnen und den nächsten Schritt im Leben zu gehen. Als hochsensibler

Mensch kannst du dich fragen, in welcher Form du zu geben aufgerufen bist, denn Geben hält dich auf einem Weg der Schönheit und der Inspiration. Du reist durch die Welt, hilfst anderen Menschen und segnest sie allein durch dein *Sein*, allein durch deine Präsenz.

In *Ein Kurs in Wundern* heißt es, dass wir lernen sollen, so zu geben, wie GOTT gibt – allen alles. Wenn du die richtige Geisteshaltung hast, geschieht es ganz mühelos. Es ist eine Lebensweise, die dich dauerhaft glücklich macht. Dein Geben wird zu einem Abenteuer, das dich voranbringt und erhebt. Es eröffnen sich ständig neue Aussichten und Möglichkeiten. Du begegnest faszinierenden Menschen und ein kreativer Austausch erhebt alle Beteiligten auf eine höhere Stufe. In deinem Geben erkennst du dich selbst. Jeder Akt des Gebens ist ein Faden der Liebe, der in die Welt hinausgeht, und am Ende entsteht daraus der wunderbare Teppich deines Lebens, der in Wahrheit eine Landkarte ist, die dir den Weg nach Hause weist. Jeder Akt des Gebens eröffnet dir einen flüchtigen Blick auf den HIMMEL und einen Vorgeschmack auf den Nektar, der dich erwartet. Durch dein Geben kannst du ihn schon jetzt kosten.

Ein hochsensibler Mensch kann sehr glücklich sein und anderen Menschen ganz natürlich geben, bis ein grundlegender Bruch in seinem Leben geschieht. Es kann in diesem Augenblick den Anschein haben, als ob alles aus den Fugen geriete, aber in Wirklichkeit handelt es sich um eine wichtige Lektion, die ein vollkommen neues Kapitel in seinem Leben einläutet. Es kann so aussehen, als sei er tief gefallen und müsse nun wieder ganz von vorne anfangen. Dabei ist es ein neues Kapitel, das er lernen und integrieren muss. In diesem neuen Kapitel, das so viel mehr umfasst, ist er aufgerufen, leidenschaftlich zu geben. Sobald er erkennt, dass das nächste Kapitel ihn auf eine noch höhere Stufe bringen kann, gewinnt er durch sein Geben die zentrale Ausrichtung in seinem Leben zurück. Solche Brüche treten selten so plötzlich auf, können sich aber als wunderbare Chancen und große Lektionen erweisen, die einem hochsensiblen Menschen für den Rest seines Lebens dienen können.

Weil ein hochsensibler Mensch so viel gibt, erreicht er ein Leben, das nicht erfüllter und glücklicher sein könnte. Trotz aller nur denkbaren Lektionen und Herausforderungen, denen sich ein hochsensibler Mensch stellen muss, stehen ihm ungeheuer große Möglichkeiten offen. Seine Freude kennt keine Grenzen, wenn er bereit ist, sich vollständig zu geben.

15
Kernbedürfnisse und Kernkonflikt

Ein Kernbedürfnis ist das Bedürfnis, zu dessen Erfüllung du auf die Welt und in dieses Leben gekommen bist. Alle unsere Probleme beruhen auf Bedürfnissen. Du versuchst das, was du brauchst, zu bekommen oder zu nehmen. Das erzeugt ein Urteil und dann Widerstand gegenüber dem, was du zu nehmen versuchst. Früher oder später erleidest du eine Verletzung oder einen Herzensbruch, statt einfach zu akzeptieren, was du willst. Wir haften an dem an, was wir brauchen, und bereits Buddha hat erklärt, dass alle Anhaftung zu Schmerz führt. Unsere Kernbedürfnisse führen zu zerschlagenen Träumen.

Wir sind hier, um unser Kernbedürfnis erfüllt zu bekommen. Da wir unsere Bedürfnisse aber auch verurteilen, leisten wir ihnen gleichzeitig Widerstand. Das hat zur Folge, dass wir entweder verletzt oder zutiefst enttäuscht werden. Vielleicht sind wir auch zwiegespalten im Hinblick auf das, was wir bekommen wollen, weil wir die Unabhängigkeit nicht verlieren wollen, die verloren ginge, wenn wir unser Ziel erreichen und uns verbinden würden. Wenn wir akzeptieren würden, dass wir dieses Bedürfnis haben, oder uns seine Erfüllung von ganzem Herzen wünschen würden, wäre es keine große Sache und wir könnten uns ganz einfach erlauben, es zu haben, zu empfangen oder hinter uns zu lassen. Wenn wir akzeptieren, dass wir dieses Bedürfnis haben, können wir es zulassen. Durch unseren Widerstand und unsere Urteile wird unser Kernbedürfnis stattdessen in einen Kernkonflikt verwandelt und wir kämpfen gegen das, was wir unserer Meinung nach brauchen und wovon wir glauben, dass es uns Erfüllung bringen würde.

Bei jedem Konflikt und insbesondere bei einem Kernkonflikt kreuzigen wir uns zwischen den beiden Seiten des Konflikts. Es ist wichtig zu erkennen, dass dies bei jedem Konflikt geschieht. Frage dich, wie oft du dich aufgrund deines Kernbedürfnisses gekreuzigt hast, und bitte dann diese Zahl an Engeln darum, dich vom Kreuz abzunehmen, dir den heiligen Atem des Lebens einzuhauchen und dich zu lieben, bis diese Selbstanteile herangewachsen sind, ihre Ganzheit zurückerlangt haben und wieder mit dir verschmelzen, um deine Unschuld zu mehren. Das bringt neues Selbstvertrauen und neue Kraft.

Nach unserem Fall aus dem Zustand des EINSSEINS ins Bewusstseinsstadium der Vereinigung und dann ins Stadium der Wiederherstellung sind wir hunderte weitere Male in dunklen Nächten der Seele in die Trennung gefallen. In einigen der tiefsten Bereiche des Unbewussten geschieht dies noch immer. Stelle dir im nächsten Schritt vor, dass jeder Fall in die Trennung ein dunkler Hügel war, weil der Hügel die Metapher für den Fall in die dunklen Nächte der Seele ist. Bitte die Engel, dich den Hügel hinaufzutragen. Bitte sie darum, dir den Anteil deines Bewusstseins zurückzubringen, den du verloren hattest, als du dich vom Licht abgewandt hast und immer tiefer in Trennung und Schmerz hineingefallen bist. Wie fühlt es sich an, wenn dir dieser Bewusstseinsanteil zurückgegeben wird? Wie viel Prozent deines Bewusstseins hast du zurückgewonnen? Was geschieht mit dem Hügel, der den ursprünglichen Konflikt in sich geborgen hat, wenn du ins Licht zurückkehrst? Wie fühlst du dich jetzt?

Als du dich vom Licht abgewandt hast, hast du dich gleichzeitig von einer Seelengabe abgewandt, die dir nun ebenfalls zurückgegeben wird. Was kehrt zu dir zurück? Es eröffnet einen Kanal der Gnade, der verschlossen wurde, weil wir einen eigenen, vom WILLEN GOTTES getrennten Willen haben wollten. Das ist natürlich unmöglich, aber es lässt die Illusion der Traumwelt entstehen, in der wir leben. Der Wunsch, etwas von dieser illusionären Traumwelt zu bekommen, hält uns in ihr gefangen. Wenn wir infolge von Fehltritten und Desillusionierung leiden, geben wir uns selbst, anderen Menschen und GOTT die Schuld, was zu noch größerer Illusion und zu dem Herzensbruch führt, der daher rührt, dass wir nehmen wollen, um Erfüllung zu finden.

Wie alle anderen Menschen kommt auch ein hochsensibler Mensch mit einem Kernbedürfnis auf die Welt, das er erfüllt haben will. Verletzungen und Desillusionierung können auch bei ihm die Folge sein, reichen aber meist tiefer als bei anderen Menschen. Wenn er keinen Weg der Heilung einschlägt, kann er die Chance versäumen, die dieses Leben ihm bietet, sich weiterzuentwickeln und eine Veränderung zu bewirken. Wenn er lernt, dass er in Wirklichkeit hier ist, um das zu geben, was er bekommen zu wollen glaubte, besteht eine gute Chance, in diesem Leben erfolgreich zu sein.

16
Die Geschichte der Bestimmung

Die Geschichte der Bestimmung ist eine Geschichte, in der du die Entscheidung getroffen hast, dich uneingeschränkt dem hinzugeben, der du in diesem Leben sein willst. Der erste Schritt ist meist deine menschliche Bestimmung, die darin besteht, durch dein Dasein einen Beitrag für die Welt und für die Menschen in deiner Umgebung zu leisten. Wenn du zur nächsten Ebene deiner Geschichte der Bestimmung aufsteigst, setzt du die Kraft, die in dir, aber nicht von dir ist, ein, um ein Kanal der Gnade und der Wunder zu sein. Du wirst zu einer Brücke zwischen HIMMEL und Erde. Du bist zentriert und für viele Menschen eine Quelle der Kraft. Du segnest die Welt durch die Art und Weise, in der du den HIMMEL vertrittst, weil der HIMMEL sonst zu weit entfernt schiene. Die Menschen können durch dich den HIMMEL kennen. Du kannst die Menschen auf eine höhere Stufe heben, damit sie GOTT kennen können, und den HIMMEL zur Erde bringen, damit die Menschen den HIMMEL kennen können. Im letzten Stadium der Geschichte der Bestimmung wächst du in dein spirituelles Vermächtnis jenseits des Körpers hinein. Dies geschieht, wenn du dich deines Egos und des damit verbundenen Glaubenssatzes entledigst, dass du dein Körper bist. Stattdessen entdeckst du allmählich deine ursprüngliche und endgültige Identität als unbegrenzter, reiner Geist. Du entdeckst, dass du gekommen bist, um die Welt durch GÖTTLICHE LIEBE zu retten, und welchen Beitrag du durch die LIEBE zur Erlösung der Welt leistest. In *Ein Kurs in Wundern* wird ein Mensch, der seine Körperidentität überschritten hat, als „fortgeschrittener Lehrer GOTTES" bezeichnet.

Hochsensible Menschen sind von Natur aus fortgeschritten und haben die große Chance, nicht nur ihre Bestimmung zu erreichen, sondern anschließend auch ihre Geschichte der Bestimmung zu leben, die Kapitel um Kapitel von ihrem *Sein* handelt. Ein wahrhaft hochsensibler Mensch geht einen Weg der Heilung und hilft der Welt. Wo auch immer er beginnt, schlägt er einen spirituellen Weg ein und will sowohl seine eigene Entwicklung als auch die Entwicklung der Welt voranbringen. Beides sind Aspekte wahrhaft hochsensibler Menschen, die fest entschlossen sind, ihre Geschichte der Bestimmung zu leben. Als hochsensibler Mensch bist du hier, um dich auf den höchsten Ebenen strahlenden Geistes zu deinem *Sein* zu bekennen.

17
Das Gefühl der Anstrengung

Das Gefühl der Anstrengung kann für hochsensible Menschen eine große Falle darstellen. Gepaart mit einer großen Lebensaufgabe kann ein hohes Maß an Sensibilität und Mitgefühl zur Folge haben, dass ein hochsensibler Mensch sich überarbeitet und zu viel tun will. Es kann zu Aufopferung, Co-Abhängigkeit und Verschmelzung führen. Die Stadien der Anstrengung und der toten Zone sind für alle Menschen eine grundlegende Falle und eine wichtige Lektion, die sie lernen müssen, können bei einem hochsensiblen Menschen aber rasch zu Verzagtheit und Erschöpfung führen.

Die besten Gegenmittel gegen Anstrengung und völlige Verausgabung sind Wertschätzung und Dankbarkeit. Sie erzeugen Mühelosigkeit, Partnerschaft und neuen Fluss. Sie bereichern unsere Beziehung zu anderen Menschen und zu uns selbst. Es ist leicht, einen anderen Menschen für das wertzuschätzen, was er uns gibt, und ihm als Folge davon dankbar zu sein. Wenn du dich zum Beispiel völlig verausgabt oder niedergedrückt fühlst, erstelle eine Liste aller Dinge, für die du dankbar bist, und nimm dir ein wenig Zeit, dich darüber zu freuen. Dann dauert es nicht lange, bis sich das, was dunkel war, in Licht verwandelt.

Du kannst in Wirklichkeit allen Menschen dankbar sein, denn die Menschen, die sich negativ verhalten, bitten dich um Hilfe. Ihr Handeln ist eine Bitte um ***deine*** Hilfe. Diese Erkenntnis kann dich zur Liebe inspirieren, statt das Gefühl der Anstrengung zu verstärken oder dafür zu sorgen, dass du dich als Opfer fühlst. Wo du dich nicht zur Liebe inspiriert fühlst, dort fühlst du dich schuldig. Wenn du dich schuldig fühlst, glaubst du, angegriffen und zum Opfer gemacht zu werden, sobald dich ein Hilferuf in Form eines Angriffs erreicht. Dann erkennst du nicht, dass es ein Hilferuf war. Sobald du erkennst, dass das negative Verhalten eines Menschen ein Hilferuf ist, kannst du das, was geschehen ist, mit anderen Augen sehen, es von der Angst trennen und vollkommen anders auf den betreffenden Menschen eingehen.

Die folgende Übung kannst du mit deinem Partner oder mit einem anderen Menschen durchführen, mit dem du zerstritten bist. Wenn du aktuell keinen Partner hast, kannst du sie mit einem früheren Partner, einem Familienmitglied oder einem anderen Menschen durchführen, mit dem du nicht ausgesöhnt bist. Ungeheilte Dinge stellen gerade für einen hochsensiblen Menschen eine große Belastung dar. Wofür konntest du deinem Partner nicht vergeben? Was an ihm konntest du nicht loslassen, egal wie oft du ihm scheinbar vergeben hast? Dass es dir nicht gelungen ist, liegt daran, dass unter deinem Urteil über ihn Schuld verborgen liegt. Dies ist ein Ort, an dem du dir selbst nicht vergeben konntest. Dein Partner hat dir gedient, weil er so offenkundig ausagiert hat, was du so gut verborgen hattest. Er gibt dir die Möglichkeit, das zu heilen, was dafür gesorgt hat, dass du stecken geblieben bist. Die Schuld verbirgt deine Angst davor, dass du mit dem nächsten Schritt nicht umgehen kannst. Vielleicht glaubst du auch, im nächsten Schritt nicht mit deinem Partner umgehen zu können, weil er sich zu sehr in eine positive oder negative Richtung verändert. Die Erkenntnis, dass du deinem Partner dankbar sein kannst, weil er dir einen verborgenen dunklen Glaubenssatz über dich selbst gezeigt hat, kann dich motivieren, in Selbstliebe und Selbstvergebung darüber hinauszugehen und dich damit von dem Gefühl der Anstrengung zu befreien.

Stelle dir vor, dass du zwölf Schritte von deinem Partner entfernt stehst. Führe dann die folgende einfache Übung aus *Ein Kurs in Wundern* durch, die in dem Satz besteht: „Ich will mich dafür nicht verurteilen." Stelle dir vor, dass du jedes Mal, wenn du diesen Satz aussprichst, einen Schritt auf deinen Partner zugehst. Wenn du den Prozess abgeschlossen hast, stelle dir vor, dass du zwölf Schritte von *dir selbst* entfernt stehst. Wiederhole die Übung nun mit dir selbst und mit deinem Partner im Hinblick auf das Ereignis, für das du dir selbst nicht vergeben konntest. Du hast das Problem mit deinem Partner benutzt, um deine tiefere Schuld zu verbergen. Wiederhole bei jedem Schritt für euch beide: „Ich will mich dafür nicht verurteilen! Ich will mich dafür nicht verurteilen!" Triff die Entscheidung für dich selbst und deinen Partner immer wieder, bis ihr einander beim letzten Schritt erreicht. Bitte ihn dann um Entschuldigung dafür, dass du ihn als Vorwand benutzt hast, um deine Schuld zu verbergen und dich nicht mit ***deinem*** Thema befassen zu müssen. In *Ein Kurs in Wundern* heißt es: „Du kannst nur dich selbst verurteilen.“ Diese Übung lässt dich an einen Ort gelangen, an dem du dich selbst annehmen und diese Qualität als etwas integrieren kannst, das keine große Sache ist, sondern lediglich der Berichtigung bedarf. Das bringt sowohl dir als auch deinem Partner oder dem Menschen, mit dem du die Übung durchführst, ein höheres Maß an Ganzheit.

Anstrengung ist nur ein Abwehrmechanismus gegen Mitgefühl, ein höheres Maß an Bewusstheit und Sensibilität, deine Berufung und deine potenziellen Gaben.

18
Ziele und das gespaltene Bewusstsein

Ziele können mühelos erreicht werden. Das ist für hochsensible Menschen eine wichtige Nachricht, weil hochsensible Menschen große Dinge erreichen wollen: hohe Bewusstseinsebenen und ein Maß an Erfolg, das weit über das hinausgeht, was die meisten Menschen anstreben. Das höhere Bewusstsein hochsensibler Menschen hat höhere Ziele für sie gesteckt, die einen kollektiven Beitrag dazu leisten, die Welt zu einen. Dies geschieht zuerst durch ihr eigenes Bewusstsein und dann durch den Beitrag, den sie leisten.

Alles, was du von ganzem Herzen oder ganzem Bewusstsein willst, kannst du mühelos und rasch erreichen. Das gilt jedoch nicht, wenn dein Bewusstsein gespalten ist. Dann ist es unmöglich. Jeder Anteil deines Bewusstseins will etwas anderes. Wenn ein Bewusstseinsanteil glaubt, dass ein anderer Anteil gewinnt und er verliert, leistet er Widerstand und hindert die andere Seite sogar daran, den nächsten Schritt zu gehen. Das kann endlos weitergehen und dazu führen, dass hochsensible Menschen stecken bleiben.

Heute nahm eine Frau am Workshop teil, die zusammen mit ihrem Mann sehr erfolgreich war. Sie arbeitete einen Konflikt auf, der den letzten Schritt vor ihrem Aufstieg zu den Themen der toten Zone darstellte. Trotz des kraftvollen Durchbruchs, den sie erzielen konnte und der sie und ihren Mann voranbringen würde, standen ihr über kurz oder lang also die Anstrengung, Überarbeitung und Geschäftigkeit der toten Zone bevor. Partnerschaft ist sowohl das Ziel als auch der Weg, der durch die Leblosigkeit hindurchführt. Deshalb fragte ich sie, zu wie viel Prozent ihr gefiel, was ihr Partner ihr zeigte. Sie antwortete: „70 %." Das bedeutete natürlich im Umkehrschluss, dass sie mit den verbleibenden 30 % nicht zufrieden war.

Jeder Konflikt erzeugt Angst und Angst hat immer ein Ziel. Deshalb fragte ich sie, wovor sie Angst hätte, wenn ihr Mann zu 100 % das wäre, was sie sich wünschte. Sie sagte, sie hätte Angst davor, nicht mit der Situation umgehen zu können. Sie hätte keine Kontrolle mehr und mit ihr und ihrer Beziehung könnte alles passieren. Da ein Workshop sich wunderbar für Rollenspiele eignet, bat ich sie, einen Teilnehmer für den Anteil auszuwählen, mit dem sie, was ihren Mann betraf, glücklich war, und einen zweiten Teilnehmer für den Anteil, mit dem sie nicht glücklich war.

Jeder Konflikt führt dazu, dass wir uns selbst kreuzigen. Ich fragte sie, wie viele Selbstanteile sie zwischen dem, was ihr an ihrem Mann gefiel, und dem, was ihr an ihm nicht gefiel, gekreuzigt hatte. Sie erwiderte: „Achtzehn." Ich bat sie, einen Teilnehmer für die gekreuzigten Selbstanteile auszuwählen und einen Teilnehmer, der den GÖTTLICHEN Eingriff verkörpern sollte. Ein dritter Teilnehmer sollte für den Erfolg stehen. Danach stellte ich die 70 % und die 30 % einander gegenüber auf, beide dem Teilnehmer zugewandt, der den Erfolg verkörperte, und zwanzig Schritte von ihm entfernt. Zuerst bat ich die Frau, gemeinsam mit dem Teilnehmer, der für den GÖTTLICHEN Eingriff stand, die achtzehn Selbste vom Kreuz zu nehmen und dem Teilnehmer, der sie verkörperte, den heiligen Atem des Lebens einzuhauchen. Dann bat ich das wiedergeborene Selbst, sich mittig zwischen die beiden in Konflikt stehenden Seiten zu stellen und zu sagen, was es zu sagen hatte, um sich auszudrücken. Anschließend bat ich den Teilnehmer, der den GÖTTLICHEN Eingriff verkörperte, und die Frau selbst, das zu sagen, was sie mitteilen wollten, und dann einen Schritt auf den Teilnehmer zuzugehen, der für den Erfolg stand. Als nächstes führte ich die Frau auf die Seite, auf der ihre 30 % standen, und bat beide, alles mitzuteilen, worüber sie unglücklich waren. Nachdem dieser Prozess abgeschlossen war, gingen beide einen Schritt auf den Teilnehmer zu, der den Erfolg verkörperte. Im nächsten Schritt ging ich mit der Frau zu den 70 % und bat beide, alles zu sagen, was sie von diesem Standpunkt aus zum Ausdruck bringen wollten, um danach ebenfalls einen Schritt auf den Erfolg zuzugehen. Alle Rollenspieler teilten abwechselnd mit, was sie zu sagen hatten, und gingen dann einen Schritt auf den Erfolg zu. Schließlich hatten sie alle den Teilnehmer erreicht, der den Erfolg verkörperte, und konnten sich mit ihm verbinden. Als sie bei ihm ankamen, stellten sie fest, dass sie alle dasselbe sagten. In diesem Moment empfand die Frau eine so große Erleichterung, dass sie sicher war, gemeinsam mit ihrem Mann den nächsten Schritt mühelos gehen zu können. Die Anstrengung war fort und sie hatte das Gefühl, wieder im Fluss zu sein.

Als hochsensibler Mensch kannst du intuitiv herausfinden, welche Anteile deines Bewusstseins gespalten sind und dich daran hindern, ein bestimmtes Ziel zu erreichen. Du kannst deiner Intuition an jeden Ort folgen, an dem die beiden Bewusstseinsanteile geformt werden, und sagen, was jede Seite zu sagen hat. Danach kann jeder gespaltene Anteil einen Schritt vorangehen. Du kannst eine Markierung anbringen, damit du weißt, wo sich der betreffende Anteil auf dem Weg zum Erfolg befunden hat. Bitte um Gnade, damit es ein Abenteuer werden kann, das zu Integration und zu einem neuen Maß an Ganzheit, Selbstvertrauen und Erfolg führt.

19
Besonders große Probleme überwinden

Es gibt Zeiten in unserem Leben, in denen der Schmerz so groß ist, dass er uns in die Knie zwingt. Sie können noch dadurch verschlimmert werden, dass unser Partner oder jemand, der uns nahesteht, durch einen Konflikt mit uns oder mit einem Menschen in unserer Umgebung zu Fall gebracht wird. Dies kann eine Situation doppelt unerträglich machen. Es gibt eine Reihe von Prinzipien, die dir in dieser Zeit helfen können, trotz des Schmerzes weiterzugehen.

1. Emotionen sind eine Form von Angriff und emotionaler Erpressung. Sie werfen einem anderen Menschen vor, uns schlecht behandelt zu haben. Wenn wir unsere Emotionen dagegen als Hinweis auf etwas benutzen, das der Heilung bedarf, nutzen wir die Situation, um den Weg hindurch zu finden. Dann dient unser Schmerz einem Neuanfang. Verbundenheit und Liebe werden größer, während unsere Besonderheit und unser Ego schrumpfen.
2. Ein hohes Maß an Schmerz zeigt, dass du es mit einer Anhaftung oder mit einem Götzen zu tun hast, den du verloren zu haben glaubtest oder zu verlieren fürchtest.

Welcher Götze, glaubtest du, würde dich retten oder für deine Sicherheit sorgen? Wie viele solcher Anhaftungen oder Götzen trägst du in dir? Lasse sie los, um von deinem Schmerz befreit zu werden.

3. Alle Probleme entstehen durch Trennung. Trennung erzeugt Angst und die Angst, die den Verlust herbeiführt, ist durch Trennung entstanden. Wir haften an Menschen und Dingen an, um die Bedürfnisse zu erfüllen, die von der Trennung herrühren. Wenn wir Bedürfnisse haben, haben wir Angst, dass sie nicht erfüllt werden. Wir wollen gewährleisten, dass sie erfüllt werden, weil wir anderenfalls Mangel erleiden oder einen Teil des Egos verlieren würden, das aus der vom Schmerz unserer Trennung herrührenden dissoziierten Unabhängigkeit heraus entstanden ist. Wir haben ein gespaltenes Bewusstsein, weil wir einerseits natürlich wollen, dass unsere Bedürfnisse erfüllt werden, uns andererseits aber insgeheim auch dagegen sperren, um die Kontrolle oder die Möglichkeit, unseren eigenen Willen durchzusetzen, nicht zu verlieren. Das hält uns in einem Konflikt gefangen und nimmt uns den Wind aus den Segeln, weil beide Seite fürchten, ihren Willen nicht durchsetzen zu können. Nur wenn wir über den Konflikt hinausgehen, kann er sich auflösen und neue Ganzheit bringen.

   Wenn wir ein Problem mit einem anderen Menschen haben und in Konflikt mit ihm stehen, können wir erkennen, dass wir die Gabe in uns tragen, die sein Bedürfnis erfüllen kann. Sie kann sowohl seine als auch unsere Angst auflösen. Wir können unsere Gabe geben, indem wir uns mit ihm verbinden, sodass unsere Verbundenheit wiederhergestellt wird und wir über unseren Schmerz und das Problem hinausgehen. Bei einem Streit müssen wir nicht mit einem anderen Menschen übereinstimmen, können uns jedoch auf eine Weise mit ihm verbinden, die beide Seiten gewinnen lässt. Alle und vor allem die Menschen, die uns nahestehen, repräsentieren zentrale Aspekte unseres Bewusstseins. Das gibt uns die Möglichkeit, grundlegende Glaubenssätze über uns selbst aufzulösen, die wir in anderen Menschen wahrnehmen. Sie sind ein Teil der vom Ego ausgehenden Trennung, die uns zurückhält. Gib das Bedürfnis auf, Recht zu haben, zu gewinnen oder von deinem Partner zu verlangen, dass er deine Bedürfnisse erfüllt. Wir können uns dazu verpflichten, die Angst zu heilen, die uns sowohl persönlich als auch in unseren Beziehungen im Weg steht.

4. Angst und Angriff erzeugen einen Teufelskreis. Das eine bedingt immer das andere. Angriff und Selbstangriff bilden einen Teufelskreis, der uns vor Angst lähmt. Wenn wir erkennen, dass ein Angriff ein Hilferuf ist, verschwindet der Angriff und der Teufelskreis wird aufgelöst, sodass die Angst der Heilung zugänglich ist.
5. Angst hat stets ein Ziel. Wir können uns fragen, wovor wir Angst haben. Sobald wir es wissen, ist die Schlacht schon halb gewonnen. Wenn wir Angst haben, schützen wir einen grundlegenden Glaubenssatz unseres Egos, der an der Wurzel unserer Angst liegt. Spüre die Angst und folge ihr nach unten, bis du diesen Glaubenssatz findest. Dieser Glaubenssatz und die mit ihm verbun-

dene Angst machen uns glauben, dass wir mit dem nächsten Schritt nicht umgehen können. Sie machen uns glauben, dass wir allein sind. Sie sind das, was uns trennt.

6. Die Wurzel aller negativen Emotionen und Probleme ist Angst. Angst ist jedoch eine Illusion und räumt stets das Feld für die Liebe, die wirklich ist. Unter unserer Angst und unserem grundlegenden Glaubenssatz hat das Ego die Liebe verborgen, die unser Wesenskern ist. Wenn wir uns nicht aufhalten lassen, können wir die Liebe finden, die *wir sind*. Unsere Glaubenssätze verbergen die Liebe, die wir in uns tragen. Wenn wir den Glaubenssatz, der uns von anderen Menschen trennt und unsere Angst erzeugt, in Liebe auflösen, verschwindet die Trennung. Dann können wir diese Liebe mit den Menschen in unserer Umgebung teilen und sie auf diese Weise verstärken und mehren.
7. Bei einem großen Thema kannst du auch in Versuchung geraten, einen anderen Menschen zu beschuldigen, statt persönlich die Verantwortung zu übernehmen. Dabei hast du, wenn du die persönliche Verantwortung für das übernimmst, was geschieht, die Chance, auf eine neue Ebene zu springen. Die Situation dient zu unserem Besten, wenn wir sie nutzen, um Heilung zu erlangen. Anderenfalls kann sie sich zu einer Katastrophe entwickeln. Ein Blick ins Unterbewusstsein zeigt, dass wir ungeachtet des äußeren Anscheins die Verantwortung tragen.
8. Folge der mit dem Ereignis verbundenen Emotion bis zu dem Zeitpunkt, an dem der Schmerz entstanden ist.

Er dürfte weit in der Vergangenheit liegen. Statt den Weg des Egos einzuschlagen, bitte jetzt die Liebe und die GÖTTLICHE LIEBE, sich an diesem Ort einzufinden. Du findest dort auch eine Seelengabe, die du selbst in dir trägst, und eine Gabe des HIMMELS, die dich einlädt, den Weg des HIMMELS von diesem Zeitpunkt an bis in die Gegenwart zu gehen. Du kannst diese Gaben mit allen Menschen teilen, denen du begegnest. Nachdem du in der Gegenwart angekommen bist, kannst du zurückschauen, wie dein Leben auf dem Weg des HIMMELS verlaufen ist.

9. Denke außerdem immer daran, dass es der WILLE des HIMMELS ist, dass du erfolgreich und glücklich bist. Du bist der WILLE GOTTES und er birgt keinen Schmerz in sich. Wenn du dich daran erinnerst, WER mit dir geht, wird deine Angst geheilt. Sei bereit zu lernen, Heilung zu erlangen und dich weiterzuentwickeln. Du kannst dein Bewusstsein und den ganzen Prozess in die Obhut des HEILIGEN GEISTES geben und wissen, dass du in guten HÄNDEN bist. Vertraue dem Prozess. Ein neues Kapitel liegt vor dir. Habe Vertrauen. Was wie Verwüstung aussieht, wird zu einer Geburt, in der Vertrauen herrscht. Bitte um ein Wunder.

20
Das eine Bedürfnis

Wir glauben, tausend Bedürfnisse zu haben, und dieser Glaube führt uns in eine Unzahl von Fallen, Versuchungen und Schwelgereien. Sie haben Schmerz, Groll und Schuldzuweisungen zur Folge, wenn wir glauben, dass unsere Bedürfnisse und Wünsche von anderen Menschen durchkreuzt werden. Das führt wiederum dazu, dass wir in Kämpfe und Konflikte geraten, weil wir glauben, dass nicht wir selbst, sondern nur andere Menschen uns etwas entziehen oder vorenthalten können. Dabei können uns nur unser eigener Wunsch, uns zurückzuhalten, und unser gespaltenes Bewusstsein, das zwei unterschiedliche Dinge will, aufhalten. Das zeigt sich beispielsweise daran, dass wir etwas vermeintlich von ganzem Herzen wollen, aber enorm große Widerstände und Schwierigkeiten überwinden müssen, um es zu erreichen.

Wir erkennen nicht, dass der Widerstand und das gespaltene Bewusstsein mit jedem Akt der Trennung in der Vergangenheit entstanden sind. Wir haben anderen Menschen die Schuld an der Trennung gegeben und begonnen, eine Geschichte des Opfers über unser Leben zu schreiben. Hier sind auch unsere Bedürfnisse zusammen mit den Selbstkonzepten entstanden, die den Glauben an unsere Bedürfnisse nähren. Unser Ego ist der unersättliche Verbraucher und es erzeugt ein hinreichend hohes Maß an Widerstand, um die Erfüllung unserer Bedürfnisse interessant erscheinen zu lassen. Das Ego will die Welt verschlingen, um sich Befriedigung zu verschaffen. Die Folge sind Götzen, Süchte, Formen des Schwelgens und Anhaftungen, die uns blind machen für die „wirkliche Welt“ des HIMMELS auf Erden, der jenseits der Anhaftungen liegt. Unsere Anhaftungen führen zu Herzensbrüchen und zerschlagenen Träumen. Wenn wir mit unseren Schwelgereien und Anhaftungen doch einmal Erfolg haben, bescheren sie uns Schuldgefühle und die Glaubenssätze, die Liebe verbergen. Es ist diese Liebe, die wirklich zu Erfüllung und Selbstliebe führt. Sie zieht Fülle und Gesundheit, Frieden und Unschuld, Freude und Glück an, während unsere Selbstkonzepte oder Glaubenssätze ständig Angst, Mangel und Angriff erzeugen. Sie entwickeln sich zu einem Teufelskreis, der uns nicht einmal ahnen lässt, dass er die Liebe verbirgt.

Wenn es uns schließlich gelungen ist, alle Anhaftungen, alle Glaubenssätze und allen Groll loszulassen, finden wir nur noch die Liebe, als die wir geschaffen wurden. Wir haben sie zugedeckt, weil wir eine eigene Identität aufbauen und einen eigenen Willen haben wollten, der vom WILLEN GOTTES getrennt ist. Unser Ego ist ein einziger großer Autoritätskonflikt mit anderen Menschen, aber weit mehr noch mit GOTT. Wir glauben, dass ER die Schuld an unserem Mangel und unserem Schmerz trägt, aber das ist unmöglich. ER ist die LIEBE. Jeder Kampf mit einem anderen Menschen ist gleichzeitig ein Kampf mit GOTT, den wir aber viele Schichten tief im Unbewussten verborgen haben.

Für einen hochsensiblen Menschen spielt das eine besonders große Rolle, weil seine Feinheit und seine Spiritualität bei seinem Bewusstseinsaufstieg auf ganz natürliche Weise wachsen. Seine Liebe und seine Freude dehnen sich aus. Er verleugnet die Glaubenssätze, die die Liebe verleugnen. Er begreift, dass er die Glaubenssätze nicht braucht, die ihn von der Liebe und von seiner wahren Identität als Liebe fernhalten, weil er sich in seinem Aufstieg als LIEBE erkennt. Je weiter ein hochsensibler Mensch vorankommt, umso stärker nimmt seine Habgier ab. Je weiter er sich entwickelt, umso weniger verbraucht er und umso mehr erschafft er. Je weiter sein persönliches Wachstum voranschreitet, umso weniger beschuldigt er andere Menschen und umso mehr hilft er ihnen. Er hört auf, von anderen Menschen zu nehmen, weil er weiß, dass es nur zu Schmerz führt. Er hört auf, sein Glück in der äußeren Welt finden zu wollen. Immer wenn er leidet, findet er die Ursache in einem weltlichen Bedürfnis. Sein Leiden zeigt ein gespaltenes Bewusstsein, infolgedessen er etwas bekommen wollte, dem er gleichzeitig Widerstand geleistet hat, um unabhängig zu sein. Es zeigt, dass er gegen andere Menschen kämpft und sie beschuldigt, um die Schuld für das, was er selbst getan hat, zu verbergen. Es ist an einen grundlegenden Glaubenssatz geknüpft, der Schmerz und Angst hervorruft, um ihn abzulenken, während er in Wirklichkeit nur Angst vor dem großen Erfolg desjenigen hatte, zu dem seine Feinheit ihn gemacht hat.

Das Loslassen der äußeren Welt lässt einen hochsensiblen Menschen auf die Überholspur gelangen, auf der er sich weder von einem Autoritätskonflikt noch von Angst zurückhalten lässt, sondern immer schneller zu immer größerer Liebe und immer weniger Unfreiheit voranschreitet, bis er den Weg nach Hause zur LIEBE selbst findet und seine Brüder und Schwestern mitnimmt. Er lernt, im Geben und im Erschaffen seine Erfüllung zu finden. Er erkennt, dass GOTT das eine Bedürfnis ist und dass alle anderen Bedürfnisse sich auflösen, wenn er sich diesem tiefsten Bedürfnis zuwendet. Jesus hat uns gelehrt, dass es uns zuerst um das Reich GOTTES gehen muss und dass uns dann alles andere dazugegeben wird. Du kannst deine Seele nicht verlieren, aber du kannst das Bewusstsein für deine Seele verlieren, wenn du das Glück in der äußeren Welt suchst. Wenn ein hochsensibler Mensch sich dagegen auf der Suche nach GOTT als seiner QUELLE nach innen wendet, hat er erkannt, dass das eine Bedürfnis ihm die Freude und das Gewahrsein für den HIMMEL zurückbringt. GOTT ist das eine Bedürfnis eines hochsensiblen Menschen und diese Erkenntnis kann ihm viel Zeit und Kummer ersparen.

21
Sammelwut

Das Sammeln von Dingen ist ein Abwehrmechanismus des Egos und soll eine unangenehme Emotion oder schmerzhafte Erfahrung aus der Vergangenheit überdecken. Es ist ein Linderungsmittel, das zu verleugnen versucht, was nicht funktioniert, indem es unsere Aufmerksamkeit auf einen anderen Ort richtet und so tut, als ob dieser andere Ort von Bedeutung sei. Es gibt viele Dinge, die wir sammeln können. Dazu gehören Erfahrungen wie Reisen, Sex, Musik, Tanzen oder Einkaufen. Dazu gehören Dinge wie Kleidung oder Autos, Schmuck oder Kunst. Dazu gehören Bücher, Briefmarken, Münzen, Fernsehsendungen, Filme, Videospiele oder sogar Liebesziehungen. Es kann ein Versuch sein, Einsamkeit oder Langeweile zu kaschieren.

Die Dinge, die wir sammeln, können alles umfassen, was Verbundenheit oder die Beziehung zu uns selbst blockiert. Wenn das der Fall ist, blockieren wir mit an Sicherheit grenzender Wahrscheinlichkeit auch unsere Beziehung zum HIMMEL und nehmen unsere persönliche Entwicklung hin zu Glück und Ganzheit nicht ernst. Wenn ein hochsensibler Mensch in der heutigen Kultur gefangen ist und seine Zeit damit verbringt, sich abzulenken, wird er später dafür bezahlen. Seine Aufgabe besteht darin, eine Führungsrolle zu übernehmen, den Weg zu Kreativität und Vision zu finden und schließlich über das Ego hinaus zum Frieden seines wahren *Seins* zu gelangen. Er ist dazu berufen, den Weg an chronischen Problemen vorbei zu Gaben der Erlösung zu weisen, um das uralte Ego und die falsche Einstellung zu durchdringen, die uns alle dazu gebracht haben, uns vom Licht abzuwenden und immer tiefer in Dunkelheit und Trennung hineinzufallen. Ein hochsensibler Mensch ist dazu berufen, den Weg zurück zur Freude und zur Verbindung zu weisen. Seine Aufgabe besteht darin, glücklich zu sein und uns den Weg zurück zum Licht unseres reinen Geistes und der grenzenlosen Liebe zu weisen, die nicht nur als Vorstellung, sondern auch als Erfahrung existiert. Die Aufgabe eines hochsensiblen Menschen besteht darin, sich an den Himmel nicht nur als flüchtigen Eindruck, sondern vielmehr als Wirklichkeit zu erinnern, bis er die einzige Wirklichkeit ist und wir die Zeitlosigkeit und die mit ihr verbundene Ekstase wiedererlangt haben. Dies geschieht, wenn wir mit anderen Menschen nicht nur in Kontakt kommen, sondern eine Bindung und Verbindung mit ihnen eingehen. Diese Verbundenheit ist von einem höheren Maß an Mühelosigkeit, Authentizität und Freiheit erfüllt, sodass wir immer größere Herausforderungen annehmen, während unsere Feinheit unaufhörlich wächst. Das ist der Ort, an dem ein hochsensibler Mensch den Weg bereitet. Das ist die Aufgabe, zu der ein hochsensibler Mensch berufen ist – und nicht dazu, seine Zeit mit sinnlosen Dingen zu vergeuden. Wenn dem, was wir tun, keine Liebe zugrunde liegt, ist es nichts wert. Ein hochsensibler Mensch, der ohne Überzeugung handelt, hat sich selbst verloren. Heilung ist stets Teil seines Weges, sodass es hilfreich ist, wenn er lernt, Heilung zu bewirken und Heilung zu erlangen. Auf dieser Bühne kann er das Kunstwerk seines Lebens vollenden.

22
Rache am Heiligen Geist üben

Rache ist wie Schuld von einem hohen Maß an Selbstdestruktivität geprägt. Wir glauben, Rache sei ein Angriff auf andere Menschen, erkennen aber nicht, dass ein Angriff auf einen anderen Menschen immer einen Selbstangriff herbeiführt. Hinzu kommt, dass eine beliebte Möglichkeit, uns an einem anderen Menschen zu rächen, darin besteht, uns selbst zu verletzen. Deshalb spielt Rache in der Dynamik von Herzensbruch, Krankheit und Opfererfahrungen stets eine Rolle. Wir verletzen uns selbst, um Menschen zu verletzen, die uns nahestehen, wie etwa unseren Partner, unsere Eltern, frühere Partner oder andere Menschen, die uns wichtig sind. Natürlich ist auch das ein Hilferuf, aber wir machen es dem Ego leicht und verbergen alle diese Dinge im Unterbewusstsein. Wir rächen uns bei einem Herzensbruch beispielsweise nicht nur an unserem Partner, sondern auch an früheren Partnern und unseren Eltern. Diese Tatsache liegt zwar unter Verleugnung begraben, ist deshalb aber nicht minder gefährlich. Rache gehört zu den grundlegenden Dynamiken bei Unfällen, Krankheiten, Niederlagen und Misserfolgen und richtet sich manchmal sogar gegen Menschen, die schon vor langer Zeit verstorben sind.

Die zugrunde liegende Dynamik ist letztlich immer Rache an Gott: als ob er die Dinge getan oder nicht getan haben könnte, derer wir ihn beschuldigen. Ein Herzensbruch erzeugt immer ein Rachemuster. Wenn du dich fragen würdest, wie viele Herzensbrüche, Verschwörungen des Herzensbruchs und Geschichten des Herzensbruchs du hast, würdest du mindestens ebenso viele Rachemuster, Verschwörungen der Rache und Geschichten der Rache entdecken. Und wenn du durch Rache lebst, wirst du durch Rache sterben.

„Die Rache ist mein, spricht der Herr." Dieser Satz wird sehr häufig falsch interpretiert, weil viele Menschen glauben, er bedeute, dass Gott rachgierig ist. Damit schreiben sie jedoch das psychologische Denkmuster eines Jugendlichen der höchsten Kraft der Liebe zu, die es gibt. Der Satz bedeutet vielmehr, dass wir alle Gefühle der Rache in die Hände Gottes legen sollen oder, wie es in *Ein Kurs in Wundern* heißt, unsere Rache dem Heiligen Geist übergeben sollen, damit er sie aufheben kann.

Frage dich, wie viele Rachemuster du in dir trägst, die von Herzensbrüchen und Opfersituationen herrühren. Frage dich danach, wie viele Verschwörungen des Herzensbruchs du in dir trägst. Bei diesen Verschwörungen handelt es sich um Herzensbrüche, von denen du glaubst, sie niemals überwinden zu können. Wie viele Geschichten des Herzensbruchs trägst du in dir? Die Kapitel dieser Geschichten, die du selbst schreibst, handeln allesamt von Herzensbruch und Rache. Wofür benutzt du diese Muster, Verschwörungen und Geschichten? Ist es das wert? Ist es wahr? Zerstört es nicht dein Leben, so tief gefangen zu sein? Gib die Rache und die damit verbundenen Verschwörungen und Geschichten in die Obhut des HEILIGEN GEISTES, damit ER sie aufheben kann. Erkenne, dass es für dich geschieht. Sei frei von diesen entsetzlichen Mustern. Du kannst Liebe und Frieden anstelle von Rache haben. Jede vermeintliche Verletzung war nur ein Hilferuf. Du kannst zu diesen Situationen zurückkehren und den HEILIGEN GEIST hineintragen, um den Menschen zu helfen, die dich gebraucht haben. Du kannst es jetzt tun.

23
Weniger Anstrengung, mehr mühelose Effektivität

Weil hochsensible Menschen äußerst empfindsam sind, ist es für sie besonders wichtig, dass sie zentriert, in Frieden und im Fluss sind. Wenn sie nicht zentriert oder nicht im Fluss sind, kann ihr Leben sich schwierig, schwerfällig und mühsam gestalten. Der innere Druck, der durch Stress aufgebaut wird, kann dazu führen, dass sie zusammenbrechen oder stehen bleiben. Es ist für einen hochsensiblen Menschen deshalb wichtig, die Lektionen zu lernen, die Stress heilen. Wenn ein hochsensibler Mensch keine Hoffnung mehr sieht, wendet er sich der Rebellion und sogar der Gewalt zu. Wenn das geschieht, ist es ein großer Verlust für ihn selbst und für die Welt.

Erwartungen erzeugen den größten Stress. Erwartungen sind Forderungen, deren Ursprung in Bedürfnissen liegt, die aus unseren anfänglichen Trennungen heraus entstanden sind. Im schlimmsten Fall entwickeln sich diese Trennungen zu Perfektionismus. Wir spüren das Bedürfnis nach Liebe, weil wir uns getrennt haben. Dann glauben wir, perfekt sein zu müssen, damit wir geliebt werden. Da wir aber niemals „über das Wasser gegangen“ sind und somit den Maßstab des Perfektionisten nicht erfüllen, erscheint es unmöglich, Perfektion zu erreichen. Das hat zur Folge, dass wir uns unaufhörlich antreiben, weil wir uns ständig als Versager fühlen und glauben, nicht gut genug zu sein. Perfektionismus ist eine Falle des Egos, die einen eigenen Teufelskreis bildet. Wenn wir perfektionistisch sind, lässt der Glaube, nicht gut genug zu sein, uns auch glauben, *dass das, was wir tun, niemals gut genug ist.* Das führt dazu, dass wir Dinge entweder immer wieder tun, um Perfektion zu erreichen, oder dass wir einfach aufgeben, weil wir wissen, dass es uns niemals gelingen kann. Beides erzeugt ein enorm hohes Maß an Stress. Der Ausweg aus dieser Situation ist ganz einfach. Wir setzen uns das Ziel der Perfektion, statt die Forderung nach Perfektionismus an uns selbst zu richten. Ein Ziel lädt ein, während bei einer Forderung der Druck, dem wir uns ausgesetzt sehen, immer größer wird, je näher wir dem kommen, was wir erreichen wollen. Die erste Lektion, die wir lernen müssen, um Stress zu heilen, besteht darin, die Forderungen aufzugeben, die zu Perfektionismus führen. Sie sind eine Egofalle, die dafür sorgt, dass wir uns gestresst, unzulänglich oder als Versager fühlen. Ziele sind dagegen attraktiv und geben uns die Energie, die wir brauchen, um sie zu erreichen. Perfektionismus ist eine Kompensation, die von dem Gefühl herrührt, nicht gut genug zu sein. Unzulänglichkeit ist neben Angst, Unwürdigkeit, Verlust und Schuld eine der vielen Emotionen, die entstehen, wenn wir uns trennen. Wenn wir glauben, dass jemand ein Unrecht begangen und uns zum Opfer gemacht hat, haben wir uns von ihm getrennt. Dabei haben wir die Situation in Wirklichkeit selbst herbeigeführt, damit wir seinen Hilferuf missverstehen und uns trennen konnten, um unabhängig zu sein, die Kontrolle zu erlangen und unser Ego zu stärken. Das Unterbewusstsein zeigt, dass wir das Ereignis herbeigeführt haben, um ein Ziel unseres Egos zu erreichen, das uns in Wirklichkeit niemals glücklich machen konnte. Wir haben die Situation benutzt, um die Selbstkonzepte zu erschaffen, aus denen unser Ego besteht, da dies der Hauptantrieb für unsere Unabhängigkeit ist. Unser Unterbewusstsein zeigt, dass wir das Unrecht begangen haben, weil wir einen Hilferuf benutzt haben, um uns loszusagen, zu trennen und unser Ego zu stärken. Die Fehlwahrnehmung und die Irreführung, die mit Trennung einhergehen, sind Illusionen, die uns für den Rest des Lebens mit Mustern des Herzensbruchs und mit Opfermustern quälen können.

So kann eine Illusion, die ein Muster der Irreführung in Gang setzt, uns zum Beispiel glauben lassen, dass wir einen Schritt nach oben gehen müssen, obwohl wir in Wirklichkeit einen Schritt nach unten hätten gehen sollen, sodass ein Sturz die Folge ist. Die Illusion, dass wir zum Opfer gemacht wurden, setzt ein Muster der Selbstsabotage in Gang und sorgt dafür, dass wir eine Opferrolle spielen. Die Opferrolle geht immer mit anderen Rollen einher, die verhindern, dass wir empfangen können, darunter beispielsweise der sich aufopfernde Märtyrer und die dissoziierte Unabhängigkeit. Diese Rollen erzeugen Probleme, halten uns in der Unabhängigkeit gefangen und sorgen dafür, dass wir uns vor Erfolg und vor Nähe fürchten. Weil Rollen nicht wirklich geben, können sie auch nicht wirklich empfangen. Rollen sind ein Abwehrmechanismus gegen alten Verlust und alten Schmerz.

Ein noch höheres Maß an Stress und Anstrengung als Rollen erzeugen aber die bereits angesprochenen Erwartungen. Hinzu kommt, dass die von Trennung herrührenden Bedürfnisse gleichzeitig auch den ursprünglichen Konflikt in sich tragen. Wir glauben, dass wir das, was wir wollen, wirklich brauchen, aber wie im ursprünglichen Konflikt ist uns die Unabhängigkeit des Egos wichtiger als die Liebe und die Verbundenheit, in der unsere Bedürfnisse leichter erfüllt werden könnten. Unsere Forderungen verbergen, dass wir uns einerseits antreiben, um unsere selbstdefinierten Bedürfnisse zu erfüllen, andererseits aber mehr Wert auf unsere Eigenständigkeit legen, sodass unser gespaltenes Bewusstsein uns daran hindert, erfolgreich zu sein. Ein gespaltenes Bewusstsein sorgt dafür, dass wir sprichwörtlich zwischen zwei Stühlen sitzen. Das damit verbundene Maß an Stress und Schmerz kann unerträglich groß werden.

Am Anfang unseres Lebens und unserer Beziehungen durchlaufen wir alle die Ebene der Abhängigkeit. Wenn wir sie erfolgreich bewältigen, arbeiten wir hart, lernen unsere Lektionen und widmen uns außerdem den Zielen, die wir erreichen wollen. Dadurch steigen wir zur Ebene der Unabhängigkeit auf und lernen dabei, findig und einfallsreich zu sein. Das Maß, in dem wir „zum Opfer gemacht" wurden und unsere Verbundenheit verloren haben, entspricht aber auch dem Maß, in dem die Ebene der Unabhängigkeit ein Abwehrmechanismus ist, um die Angst, die Bedürfnisse, die Verletzungen, die Herzensbrüche, den Verlust, die Schuld und die Unwürdigkeit der abhängigen Ebene zu verbergen. Das hat zur Folge, dass unsere Unabhängigkeit zur Kompensation wird und dass wir es versäumen, die grundlegenden Lektionen zu lernen, die uns befähigen sollen, auf den eigenen Füßen zu stehen. Um Verbundenheit und Partnerschaft wiederherzustellen, müssen wir lernen, uns zu verpflichten. Verpflichtung heißt, uns voll und ganz einzubringen. Sie heilt den ursprünglichen Konflikt und damit auch die Rollen und das gespaltene Bewusstsein. Wenn wir uns jetzt unserem Partner uneingeschränkt hingeben, können wir uneingeschränkt empfangen, bis sich das nächste Thema zeigt, mit dem wir uns befassen müssen. Aufgrund der Unwürdigkeit, die mit der ursprünglichen Trennung begonnen hat, flüstert das Ego uns ein, dass niemand ununterbrochene Aufmerksamkeit verdient – auch wir nicht. Wenn wir uns der Wahrheit, dem nächsten Schritt, unserem Partner oder unserer Arbeit jedoch uneingeschränkt hingeben, wird unser Bewusstsein auf einer neuen Ebene der Ganzheit integriert.

Die letzte Falle, die Stress erzeugt, ist Geschäftigkeit. Das Ego will, dass wir ständig etwas tun. Es verlangt große Anstrengungen, damit wir viele sinnlose Dinge erreichen und dabei immer beschäftigt sind. Geschäftigkeit ist sowohl ein Abwehrmechanismus als auch eine Kompensation. Unser Ego benutzt sie, um den Scheinwerfer der Besonderheit auf uns zu richten und um Dinge über uns zu beweisen, die wir selbst nicht wirklich glauben.

Auf der anderen Seite sind Gnade und unser *Sein* für uns verfügbar, das sich irgendwann zum Gewahrsein unserer selbst als grenzenloser, reiner Geist entfalten wird. In unserem *Sein* leben wir durch Gnade. Wir tun nur die Dinge, zu denen wir hingeführt werden, und lassen zu, dass der HIMMEL sie für uns tut, *indem er sie durch uns tut.* Wenn wir alles selbst tun, sind wir irgendwann alt und ausgelaugt. Das Bedürfnis unseres Egos nach Aufmerksamkeit kann große Probleme, Krankheit oder Erschöpfung zur Folge haben. Die damit verbundene Anstrengung kann uns vorzeitig altern lassen. Die Gnade verbindet uns jedoch wieder mit anderen Menschen und mit uns selbst. Das bringt Mühelosigkeit, Authentizität und Freiheit, weil es die Verbundenheit erneuert, Illusionen und Angst auflöst und sie durch die Wahrheit ersetzt. Es schreibt GOTT als GOTT und uns als SEIN KIND fest. Das lässt uns erkennen, dass wir alle guten Dinge mühelos und überreich verdienen. Wunder sind die Antworten des HIMMELS auf unsere Bedürfnisse. Ungeachtet dessen, wo wir in unserer persönlichen Entwicklung stehen, können wir lernen, dass Anstrengung ein Werkzeug des Egos ist, das es benutzt, um den Scheinwerfer auf sich selbst zu richten. Es will etwas beweisen, an das es selbst nicht voll und ganz glaubt, oder es versucht seine Besonderheit herauszustellen und die Aufmerksamkeit der Menschen in unserer Umgebung auf sich zu ziehen.

Überall dort, wo Stress herrscht, gibt es einen besseren Weg. Immer dann, wenn Stress herrscht, gibt es einen einfacheren Weg. Wir können die Lektionen der Mühelosigkeit, der Wahrheit und der Freiheit lernen, die gleichbedeutend mit Verpflichtung sind. Wenn wir sie erleben, lässt unser Erfolg uns wissen, dass wir auf dem richtigen Weg sind.

24
Hochsensible Menschen und das astrale Stadium

Wir alle tragen astrale Einflüsse in uns, die aber bei manchen Menschen stärker ausgeprägt sind als bei anderen. Wir sind alle über diesen Weg aus dem EINSSEIN abgestiegen. Wir sind auf diesem Weg viele hundert Male gefallen und haben zu guter Letzt einen Körper angenommen, um zu zeigen, dass wir wirklich getrennt sind. Es war ein Teil unseres Autoritätskonflikts mit GOTT. Wir sind immer dann gefallen, wenn wir eigenständig sein und einen vom WILLEN GOTTES getrennten Willen haben wollten. Das konnte nur in einem Traum geschehen, denn nichts ist wirklich, was vom WILLEN GOTTES getrennt ist.

Jeder Fall nach unserem ursprünglichen Fall aus dem Zustand des EINSSEINS hat sich zu einer dunklen Nacht der Seele entwickelt. Wir waren bereit, sie zu ertragen, weil das Ego uns eine eigene Welt versprochen hat, in der wir „Gott“ sein konnten. Der astrale Schmerz war so groß, dass wir die Anteile, die gelitten haben, abgespalten und so getan haben, als ob sie nicht zu uns gehören. Was wir abgespalten haben, war sehr mächtig und schien ein eigenes Bewusstsein zu besitzen. Es waren Selbstanteile, die wir aufgrund des Schmerzes und der Dunkelheit, die mit ihnen verbunden waren, verurteilt und deshalb verdrängt und nach außen projiziert haben. Sie wurden zu dunklen Göttern, Teufeln und Dämonen und schienen ein eigenes Leben zu haben. Während wir immer weiter gefallen sind, haben wir einen getrennten Körper angenommen. Wir sind immer weiter gefallen und haben Erleuchtung, Meisterschaft, Vision und auch unsere Lebensaufgabe verloren. Wir sind immer weiter gefallen, bis wir viele Millionen Jahre später nun im Zustand der Trennung und in der Welt leben, die wir heute erfahren.

Jetzt durchleben wir jedoch eine Zeit himmlischer Beschleunigung, in der das Bewusstsein sich eint und in seiner Entwicklung rascher voranschreitet. Es braucht allerdings viele Wunder und Gaben, um uns zur Einheit und schließlich zum EINSSEIN zurückzubringen, das jenseits der Illusion der Trennung existiert. GOTTES WILLE ist unveränderlich und das EINSSEIN ist die Wirklichkeit, auf der wir unsere Träume von Trennung und Leiden aufgebaut haben. Ein hochsensibler Mensch ist hier, um das Leiden und die Kreuzigung der Welt durch Erlösung zu beenden und um Frieden zu bringen. Die Gaben, die ein hochsensibler Mensch in sich trägt, bringen Zuwachs und Einheit. Der Frieden, den ein hochsensibler Mensch in sich trägt, berührt alle Menschen in seiner Umgebung. Da er äußerst empfindsam ist, kann er leicht vom Weg abkommen, aber wenn er in Frieden ist, wird seine Welt befreit.

Wenn astrale Einflüsse durch die Negativität und die Fallen im Stadium der Einheit hindurch wirken, in dem wir einen Körper angenommen haben, sind wir für gewöhnlich einem Götzen – zum Beispiel dem Götzen des Gewinnens oder dem Götzen der Selbstherrlichkeit – sehr stark verhaftet. Das kann entweder zu neurotischer Resignation oder zu einem Wutausbruch führen. Die „Masche“, die sich aus dem Wutausbruch entwickelt, ist der Ort, an dem der mit unserem Selbstangriff verbundene Schmerz ein mit Selbstangriff gespicktes Minenfeld erzeugt, das nicht nur uns, sondern auch alle Menschen in unserer Umgebung angreift. Sie sind jedoch so sehr in ihrem selbst zugefügten Schmerz gefangen, dass es zu einem Teil ihres eigenen Wutausbruchs wird, den sie zu einer Form von Kunst erhoben haben. Das kann nicht nur chronische Probleme, sondern auch toxische Themen hervorbringen, die Aspekte der Hoffnungslosigkeit und Hilflosigkeit freisetzen. Die falsche Einstellung, die Wutausbrüche nährt, unsere Götzen und unser Autoritätskonflikt können Fortschritt schon schwierig genug machen. Wenn sie an die Dunkelheit des astralen Stadiums geknüpft sind, kann eine positive Veränderung unmöglich erscheinen.

Wir sind im astralen Stadium immer tiefer gefallen, weil wir uns vom Licht und von den Gaben abgewandt haben, die dort für uns zugänglich waren. Nun können wir uns von Dämonen, Teufeln und dunklen Göttern befreien, indem wir uns dem Licht wieder zuwenden und unsere FREUNDE AN HÖHERER STELLE um Hilfe und Heilung bitten. Das kann besonders hilfreich sein, weil das astrale Stadium auch als Stadium der Wiederherstellung bezeichnet wird, in dem wir nicht nur Bewusstseinsanteile zurückerlangen, die wir vor vielen Äonen verloren haben, sondern auch erlösende Seelengaben, die wir verloren haben, als wir gefallen sind. Die Aspekte unseres Bewusstseins, die zu Teufeln,

Dämonen und dunklen Göttern geworden sind und das Fundament des Egos mit seinem Angriff und Selbstangriff darstellen, werden dadurch mühelos und ganz natürlich integriert. Ein hochsensibler Mensch kann ohne Bewusstheit oder Hingabe an das Licht in entsetzlicher Selbstfolter gefangen sein oder die Qualen anderer Menschen in seiner Umgebung erleiden. Er kann Ebenen erreichen, die ihn glauben lassen, in der Hölle angekommen zu sein.

Wir können die Bereiche, in denen wir gefallen sind, heilen, wenn wir aus eigener Kraft durch unsere „dunklen Nächte der Seele" hindurchgehen. Diese äußerst schmerzhaften Geburtsprozesse können einige Stunden oder mehrere Jahre lang andauern. Wir können glauben, alles und sogar die Hilfe des HIMMELS verloren zu haben. Wir erfahren den Verlust GOTTES oder des HIMMELS, aber die Erfahrung entspricht nicht der Wahrheit und wir müssen in jedem Augenblick um Gnade bitten, weil wir sonst nur den Schmerz, die Dunkelheit und die tiefe Einsamkeit des uralten Falls aus dem EINSSEIN spüren können. Natürlich gibt es einen besseren Weg, als durch jeden einzelnen Fall und jede dunkle Nacht der Seele hindurchzugehen. Diese Bereiche des Unbewussten werden metaphorisch meist in Form von Wolken, Wellen, Klippen oder Wasserfällen erfahren. Wenn du diese Metaphern benutzt, um Heilung zu erlangen, brauchst du die zutiefst bedrückenden Emotionen in diesem Stadium nicht zu durchleben. Du kannst eine Engelschar, Christus oder Kuan Yin oder einen anderen Menschen, der dir nahesteht und das EINSSEIN erreicht hat, um Hilfe bitten. Du kannst ihn oder sie darum bitten, dich auf die Wolke, die Welle, den Hügel oder den Wasserfall zu führen, um herauszufinden, wie es sich anfühlt, wenn du dich darauf einlässt. Du kannst die Engel darum bitten, dir den Bewusstseinsanteil zurückzubringen, den du bei deinem Fall verloren hattest. Wie viel Prozent deines Bewusstseins gewinnst du zurück und was passiert daraufhin mit der Wolke, der Welle, dem Hügel oder dem Wasserfall? Du kannst auch darum bitten, dass dir die Gabe zurückgegeben wird, die du verloren hattest, als du dich vom Licht abgewandt hast.

Du kannst dir eine ganze Reihe von Wolken, Hügeln, Wellen, Klippen oder Wasserfällen vorstellen und jeden Tag daran arbeiten, sie zu transformieren, um dein Bewusstsein und deine Gaben wiederherzustellen. Alle Herzensbrüche und Niederlagen im Leben stehen für einen Fall, den du damals durchlebt hast. Du kannst also ein Problem zum Anlass nehmen und die Engel bitten, dich zu diesem Fall und anschließend auf den Gipfel der Wolke, der Welle, der Klippe oder des Wasserfalls zu führen, wo du den Anteil deines Bewusstseins und die Gabe zurückerlangst, die du verloren hattest.

Du kannst auch die Gaben und Bewusstseinsanteile wiederherstellen, die du verloren hattest, als du dich dafür entschieden hast, an den Tod zu glauben, daran, dass du ein Körper bist, oder daran, dass du schuldig und schlecht bist. Du kannst die Gaben und Bewusstseinsanteile wiederherstellen, die du verloren hattest, als du dich erstmals dafür entschieden hast, einen anderen Menschen anzugreifen, dich anzugreifen, einen Herzensbruch zu erleiden, einen anderen Menschen zu verraten, dich zu rächen, einen anderen Menschen zu hassen, dich zu hassen, zu glauben, dass du wertlos, schuldig oder unwürdig bist. Du kannst die Gaben und Bewusstseinsanteile wiederherstellen, die du verloren hattest, als du dich für den Glauben entschieden hast, dich aufopfern, in Konkurrenz leben oder dein Ego stärken zu müssen. Du kannst sogar an den Ort gehen, an dem die Trennung am Beginn des Stadiums der Wiederherstellung begonnen hat. Dort findest du Gaben wieder, die dir und anderen Menschen nicht nur Liebe und Weisheit zurückbringen, sondern dein Leben auch mit Frieden und Licht erfüllen. Du kannst alle diese Dinge mühelos mithilfe der Gnade erreichen, weil der HIMMEL die schweren Lasten für dich trägt.

25
Eltern hochsensibler Kinder

Die Eltern hochsensibler Kinder haben es nicht immer leicht. Es sind neue Kinder in dem Sinne, dass viele alte Erziehungsmethoden bei einem hochsensiblen Kind einfach nicht funktionieren. Die Eltern müssen forschen, hinterfragen und sich mit anderen Eltern austauschen, um herauszufinden, was ein hochsensibles Kind unterstützen und ihm Sicherheit, Inspiration, Weisung und Führung geben kann. Manchmal ist es notwendig, selbst tief nach innen zu gehen und auf die eigene Führung zu hören, um herauszufinden, was bei einem hochsensiblen Kind zum Erfolg führen kann. Liebe ist natürlich die tragende Säule, wenn es darum geht, ein Kind zu seinem vollen Potenzial zu erziehen. Selbstheilung ist für die Eltern eines hochsensiblen Kindes ebenfalls eine wichtige Aufgabe. Anderenfalls gibst du die unverarbeiteten und deshalb nicht geheilten Angelegenheiten zwischen dir und deinen eigenen Eltern und Ahnen an es weiter und hochsensible Kinder haben bereits genug zu tun. Groll und Emotionen wie Angst, Zorn, Schuld und Herzensbruch müssen bereinigt werden. Wenn du das Gefühl hast, dass du den Erwartungen deiner Eltern nicht gerecht geworden bist, sind sie in Wirklichkeit deinen Erwartungen nicht gerecht geworden. Das hat zur

Folge, dass du deine Erwartungen an deine Kinder weitergibst und Forderungen stellst. Du versuchst, durch sie zu leben und sie anzutreiben, bis sie dich nicht nur lieben, sondern auch hassen.

Als Eltern könnt ihr einem hochsensiblen Kind beispielsweise helfen, indem ihr euch vorstellt, dass euer Kind zwischen euch steht, und euch verpflichtet, euch von Geist zu Geist miteinander zu verbinden. Teilt einander alles mit, was ihr euch über euer Kind, über den jeweils anderen und zum guten Schluss über alle anderen Dinge mitteilen wollt, die euch in den Sinn kommen. Vertraue dem Prozess. Hüte dich vor der Versuchung, deinen Partner ins Unrecht zu setzen, denn wo der Angriff beginnt, endet die Kommunikation. Stelle dir vor, dass ihr von Engeln umgeben seid, die Zeuge eures Austauschs sind. Setze dir das Ziel, eines Geistes mit deinem Partner zu werden. Sei bereit, alles aufzugeben, was euch voneinander trennt. Eure Liebe zueinander und eure Bereitschaft, euch zu verbinden, steht im Zentrum der Erziehung eines hochsensiblen Kindes. Habe Vertrauen in dein hochsensibles Kind. Irgendwann muss es seinen eigenen Weg finden. Es wird wie alle Kinder, alle Jugendlichen und alle Heranwachsenden sehr wahrscheinlich Fehler machen. Vertraue ihm trotzdem und vertraue auch seinem Lernprozess. Wenn du Angst bekommst, mache dir bewusst, dass Angst von Angriff herrührt. Dein Kind braucht Selbstvertrauen und keine Kontrolle. Wenn du über seine Fehler urteilst, statt es zu unterstützen und von ihm zu lernen, werden die Fehler verstärkt.

Kinder agieren das Unterbewusstsein ihrer Eltern aus. Alles, was du an dir verurteilt und verdrängt hast, kommt als Verhalten deines Kindes wieder zum Vorschein. Das gibt dir eine zweite Chance, wahrheitsgemäß auf dein Kind und auf dich selbst einzugehen und den Lernprozess ohne Narben zu vollenden. Du solltest das Problem, das dein Kind hat oder das du hast, nicht zu etwas machen, das innerhalb der Familie von Generation zu Generation weitergegeben wird. Deine Einfühlungsgabe, dein Mitgefühl und dein Verstehen helfen deinem Kind, die Lektion möglichst mühelos zu integrieren, ohne dass ein Keil zwischen euch getrieben wird, weil du unbarmherzig bist und Dinge in Situationen ignorierst, die leicht wahrheitsgemäß gesehen werden könnten. Du solltest eine Beziehung aufbauen, die immer enger wird, je älter du wirst. Ein arabisches Sprichwort, das man auch auf ein hochsensibles Kind anwenden kann, lautet: „Wenn dein Sohn erwachsen wird, behandle ihn wie deinen Bruder." Ein hochsensibles Kind besitzt unabhängig davon, ob es ein Sohn oder eine Tochter ist, Intelligenz und unerschrockene Weisheit und wenn du für das, was es zu sagen hat, offen bist, kann es dir helfen und dich lehren.

Viele hochsensible Kinder stellen ihre Eltern vor große Herausforderungen. Geschichten über die frühen Jahre von Heiligen, Ausnahmetalenten oder Genies berichten häufig von widerborstigen Kindern, die nicht in die übliche Schublade des „guten" Kindes passen. Wahrscheinlich waren es hochsensible Kinder, die jahrtausendelang auf die Welt gekommen sind, um die Zukunft zu befruchten und die Evolution zu beschleunigen. Als Eltern könnt ihr eurem hochsensiblen Kind helfen, sich zu dem zu entwickeln, der es sein wollte, und seine Aufgabe zu erfüllen. Es braucht eure Verpflichtung und euer Vertrauen und nicht eure Kontrolle. Es braucht eure Zuversicht, nicht eure Angst. Es braucht eure Liebe, damit es flügge werden kann, und nicht eure Fesseln, mit denen ihr es an euch bindet, damit es sich für euch aufopfert oder eure unerfüllten Träume ausagiert. Ihr könnt der Fels sein, dem es sich zuwendet. Auf euren Schultern kann es eine bessere Welt errichten.

Dein hochsensibles Kind ist dir anvertraut, damit du ihm die Förderung, Inspiration, Führungsstärke und Integrität zuteilwerden lässt, die es braucht, um die Funktion, die es übernommen hat, erfolgreich zu meistern. Alle Menschen haben die Funktion, glücklich zu sein, ebenso wie alle Menschen die Funktion haben, Heilung zu erlangen und andere Menschen im Prozess ihrer Heilung zu unterstützen. Wenn du ein hochsensibles Kind sanft auf einen Weg der Heilung bringst, erweist du ihm einen großen Gefallen. Dies geschieht vor allem durch dein Vorbild. Halte es nicht durch deine eigenen Bedürfnisse zurück. Benutze es nicht dort als Ersatz, wo dein Partner oder deine Eltern dich deiner Meinung nach im Stich gelassen haben (und um die heimliche Schuld zu tilgen, weil du glaubst, deine Eltern im Stich gelassen zu haben). Wenn du von deinen Kindern enttäuscht bist, erlegst du ihnen deine eigenen Erwartungen, Forderungen und Bedürfnisse auf. Damit setzt du sie dort unter Druck, wo du dich selbst unerfüllt und unzulänglich fühlst. Es ist leicht, die negative Beziehung zu deinen Eltern fortzusetzen und deinen alten Schmerz auf dein Kind zu übertragen. Hüte dich davor und verpflichte dich, alle Probleme mit deinen Eltern zu heilen, damit die Beziehung zu deinen Kindern von Segen erfüllt ist.

Erkenne, wo du zu deinem Partner in Konkurrenz stehst, weil du dort auch mit deinen Kindern konkurrierst. Das Ego benutzt Konkurrenz, um seine Macht zu vergrößern, und du solltest dein Ego nicht über deine Kinder stellen. Damit hältst du dich selbst, deinen Partner und deine Kinder zurück. Das Ego hat Nähe und Erfolg, deine Lebensaufgabe und deine Bestimmung behindert. Lasse nicht zu, dass es die Beziehung zu deinen Kindern behindert.

Verpflichte dich immer wieder, als Elternteil das Beste zu geben, dessen du fähig bist. Verpflichtung bringt Mühelosigkeit und Authentizität. Verpflichtung bringt Freiheit und Partnerschaft. Sie befreit dich aus den Teufelskreisen der Abhängigkeit und der dissoziierten Unabhängigkeit, die verhindern, dass deine Beziehung zu deinem Partner und deinen Kindern ihr volles Potenzial entfalten kann.

26
Hochsensible Menschen und Aufopferung

Aufopferung ist in der Welt weit verbreitet. Sie gehört zu unserem Alltag und ist untrennbar mit den Rollen des Opfers und der dissoziierten Unabhängigkeit verknüpft. Sie zeigt, dass wir uns getrennt und unsere aus der Vergangenheit herrührende Verbundenheit zerstört haben. Sie zeigt, dass wir einen Menschen beschuldigen, uns Unrecht getan zu haben. Wir verwechseln sie mit Liebe und glauben, dass GOTT sie von uns fordert.

Aufopferung ist nicht gütig. Sie ist ein Rückzug als Akt der Aggression. Sie steht für Konkurrenz und Überlegenheit, die uns beide in die Teufelskreise von Gewinnen und Verlieren, von Recht und Unrecht sowie von Überlegenheit und Unterlegenheit geraten lassen. Wenn wir uns aufopfern, tragen wir eine große Bürde, die wir benutzen, um Besonderheit und Aufmerksamkeit zu erlangen. Aufopferung hält uns in der Unabhängigkeit fest und hindert uns daran, eine Partnerschaft einzugehen. Das Ego will uns weismachen, dass wir uns um jeden Preis aufopfern müssen, um unserer Familie zu helfen und sie zu retten. Das lässt uns in die Falle der Familienverschwörung tappen, die das Ego aufgestellt hat und benutzt, um uns daran zu hindern, unsere

Lebensaufgabe zu erfüllen. Unsere Lebensaufgabe gehört zu den großen Prinzipien, die uns befreien, und zusammen mit Vergebung, Verpflichtung und Verbundenheit kann sie uns Glück und Erfüllung bringen.

Wenn du dich uneingeschränkt hingibst, gibt es keine Aufopferung. Wenn du liebst, gibt es keine Aufopferung. Um zur Partnerschaft zu gelangen, sind wir aufgerufen, uns mit unserer Familie und unserem Partner zu verbinden, indem wir uns ihnen verpflichten. Wir tragen ein enorm hohes Maß an Aufopferung in uns. Geben und Verpflichtung sorgen dafür, dass wir unser Ego verlieren und es durch Liebe und Verbindung ersetzen. Aufopferung ist Angriff. Sie zieht sich zurück, wenn Hilfe nötig ist. Sie verurteilt, wenn Hilfsbereitschaft gefordert ist. Aufopferung ist vorgetäuschte Liebe. Sie verschmilzt mit anderen Menschen, um die durch Trennung hinterlassene Leere wettzumachen, die zu ihr geführt hat. Unabhängigkeit nimmt sich auf den ersten Blick zwar gut aus, lässt aber nicht zu, dass wir empfangen. Sie gibt uns die Möglichkeit, andere Menschen zu kontrollieren, Recht zu haben und unseren eigenen Weg zu gehen, trägt aber nicht zu unserem Glück bei. Aufopferung kann sogar gute Dinge bewirken, ist aber nicht echt und kann weder andere Menschen noch uns selbst tragen, weil sie nicht verbindet, sondern nur „tut". Aufopferung ist ein Weg, den wir häufig einschlagen, um Schuld zu verbergen.

Aufopferung lässt uns abstumpfen. Sie macht uns einem anderen Menschen unterlegen, weil wir uns ihm nicht ebenbürtig fühlen. Das gibt uns das Gefühl, dass wir uns aufopfern müssen, um Teil der Beziehung zu sein.

Vielleicht fühlen wir uns einem anderen Menschen aber auch überlegen und glauben, dass wir ihn tragen und für ihn sorgen müssen, indem wir uns aufopfern. Aufopferung nimmt insgeheim, weil sie nicht zulässt, dass wir empfangen. Ohne Empfangen ist Partnerschaft unmöglich und Geben wird zur Aufopferung. Es ist wichtig, uns daran zu erinnern, dass alles, was durch Aufopferung erreicht wird, auch ohne sie erreicht werden kann.

Aufopferung kann für einen hochsensiblen Menschen eine sehr gefährliche Falle darstellen. Sie kann ihn aus seiner Mitte reißen und dafür sorgen, dass er seiner Lebensaufgabe, seiner Bestimmung und den höheren geistigen Ebenen, für die er vorgesehen war, sein Leben lang aus dem Weg geht. Stumpfsinnigkeit tritt an die Stelle von Feinheit. Rückzug tritt an die Stelle von Güte, während er gleichzeitig stets auf sich selbst zeigt, um zu beweisen, wie hart er arbeitet, wie sehr er leidet oder wie viel es ihn kostet, das zu leisten, was er leistet. Trotz der vorgetäuschten *Selbstauslöschung* ist die Kamera unablässig auf ihn selbst gerichtet.

Aufopferung betrügt andere Menschen und uns selbst. Es kommt uns so vor, als sei sie völlig normal, weil jeder sich aufopfert. Unabhängigkeit ist nicht die Lösung, weil sie die beiden anderen Rollen des Opfers und der Aufopferung im Schlepptau hat. Sie sind stets da und warten darauf, notfalls das Kommando zu übernehmen. Ein hochsensibler Mensch kann in jeder dieser drei Rollen und manchmal auch in allen drei Rollen gleichzeitig gefangen sein. Sie verhindern, dass er Zugang zu seiner Feinheit und zu dem findet, was er beitragen will. Ein hochsensibler Mensch ist hier, um sich voll einzubringen – in sein Leben, seine Musik, seine künstlerischen Fähigkeiten, seine Heilung. Er ist weder hier, um in Gleichförmigkeit gefangen zu sein, noch um seine Andersartigkeit zu beweisen, denn das ist eine Funktion des Egos. Seine Lebensaufgabe ist besonders und er braucht keine Selbstverherrlichung. Seine persönliche Funktion und sein Wesen bringen ihm wahre Aufmerksamkeit. Das Leben soll durch einen hochsensiblen Menschen hindurchleuchten, aber Aufopferung lässt ihn stumpf werden. Er ist dazu bestimmt, ein Einhorn zu sein. Er ist dazu bestimmt, die Welt durch das zu segnen, was er tut, weit mehr aber noch durch das, was er ist. Es besteht keine Notwendigkeit für ihn, große äußere Ziele zu erreichen. Natürlich sind manche Menschen auch dazu aufgerufen. Du bist aufgerufen, deinen Teil beizutragen, worin er auch besteht. Der HIMMEL hat alles in der Hand. Verpflichte dich, deinen Teil beizutragen, und überlasse es dem HIMMEL, die Teile zusammenzufügen. Dein *Sein* ist das Wesen der Feinheit.

Du kannst Aufopferung dadurch verändern, dass du dich ganz einfach dafür entscheidest, etwas zu tun, statt es zu tun, indem du eine Rolle ausagierst, oder es zu tun, weil du es tun „solltest". Wenn du etwas mit Liebe tust, verändert sich alles. Das Leben kann durch dich fließen. Lasse es zu. Es kann den Fluss zu anderen Menschen bringen.

27
Der Wunsch zu besitzen

Wenn wir in einer Beziehung der abhängige Partner sind, ist der Wunsch, einen anderen Menschen zu besitzen, eine der großen Fallen, die dazu führen, dass wir einen Herzensbruch erleiden. Sie wird bei einem hochsensiblen Menschen natürlich noch verstärkt. Wir sind in dieser Zeit sehr verletzlich. Wir haben die Liebe zu unserer Familie zu einem großen Teil auf unseren Partner übertragen. Er ist für uns enorm wichtig geworden. Wir glauben, ihn aus tiefstem Herzen zu lieben, und das tun wir auch, aber unsere Liebe wird durch ein hohes Maß an Abhängigkeit zugedeckt und unsere Bedürftigkeit straft sie Lügen und macht sie zur Anhaftung. Dadurch laufen wir große Gefahr, genau den Fehler zu machen, der unseren Partner dazu bringt, sich von uns zurückzuziehen. Tatsächlich ist ein – vor allem emotionaler oder sexueller – Rückzug unseres Partners stets ein Zeichen dafür, dass wir den Fehler machen, ihn besitzen zu wollen. Wenn wir erleben, dass unser Partner sich von uns zurückzieht, können wir gewiss sein, dass uns entweder ein großer Patzer unterlaufen ist oder dass wir – was eher der Fall sein dürfte – abhängig geworden sind und ihn besitzen wollen. Wenn wir die Botschaft nicht verstehen und etwas tun, um den Fehler zu berichtigen, nimmt die Sache fast immer ein ungutes Ende. Wenn wir aber erkennen, dass wir auf dem falschen Weg sind, können wir unsere Bedürftigkeit loslassen und aufhören, von unserem Partner nehmen zu wollen.

Es ist in Wirklichkeit eine Entscheidung: Willst du deine Bedürftigkeit oder willst du deinen Partner? Du magst glauben, dass du ihn liebst, aber du benutzt ihn nur und das macht dich für ihn unattraktiv. Nimm wahr, sobald er sich von dir zurückzieht, und lasse dann sofort los. Wenn du genau hinschaust, geht das Bewusstsein dafür dir irgendwann in Fleisch und Blut über. Wenn du deinen Partner wirklich liebst, willst du nicht von ihm nehmen oder ihn benutzen. Du willst ihn lieben und du willst sein Glück.

Wenn du diesen Fehler gemacht hast, sind bedürftige Menschen für dich ein großes Thema, vor allem dann, wenn sie versuchen, von dir zu nehmen. Du hast den bedürftigen Selbstanteil in dir, der nehmen will, zurückgewiesen und in eine Schattenfigur verwandelt. Damit bist du im entgegengesetzten Problem von Dissoziation, Unabhängigkeit und Unfähigkeit zur Partnerschaft gefangen, bis du diesen Anteil akzeptierst, ihm vergibst und ihn integrierst. Wenn du das Thema nicht heilst, bist du unfähig, zu vergeben und dich in einer Beziehung zu verpflichten. Verpflichte dich dir selbst jetzt und in der Vergangenheit. Integriere deine übermäßig unabhängige und deine übermäßig abhängige Seite, bis sich Selbstvertrauen, Ganzheit und Offenheit für deinen Partner einstellen. Wenn du es nicht tust, kannst du auch als hochsensibler Mensch viel Zeit in Abhängigkeit oder Unabhängigkeit verlieren.

28
Hochsensible Menschen und Verliebtheit

Bei hochsensiblen Menschen kann Verliebtheit zur Supernova werden, sich bei der Explosion aber auch in ein schwarzes Loch anstelle eines Neutronensterns verwandeln. Natürlich können alle Menschen eine ähnliche Erfahrung machen, wenn sie verliebt sind, aber die Auswirkungen sind bei hochsensiblen Menschen besonders stark, wenn sie die üblichen Fehler machen, die zum Herzensbruch führen.

Die folgenden häufig gemachten Fehler können zum Herzensbruch und zu zerschlagenen Träumen führen, die den Himmel für hochsensible Menschen in einer Supernova-Explosion erhellen und dann in ein schwarzes Loch verwandeln können, das ihr restliches Leben bestimmt.

1. **Götzen**

   Ein Götze ist ein falscher Gott, auf den du dich verlässt, wenn es darum geht, dich glücklich zu machen und deine Sicherheit zu gewährleisten. Es ist immer ein Trugschluss, dich auf äußere Dinge zu verlassen, aber wenn du etwas in einen Götzen verwandelt hast, ist es nur eine Frage der Zeit, bis du bestenfalls verzagt und enttäuscht bist oder schlimmstenfalls den Schmerz eines zerschlagenen Traums erleidest. Dazwischen liegen viele andere Dinge wie Niedergedrücktheit und Desillusionierung, die dir nicht nur deine Illusionen raubt, sondern auch deinen Mut. Es kann passieren, dass du die Tür zu Gaben, Talenten oder sogar ganzen Lebensbereichen verschließt, Vertrauen verlierst und dich von Liebe, Sex und vom Leben zurückziehst. Es kann passieren, dass du aus Protest oder infolge von Wutausbrüchen sogar Bewusstseinsanteile verlierst. Häufige Götzen in frühen Beziehungsstadien sind Verliebtheit, Liebe, Sex, der Körper oder sogar die Beziehung oder der Partner selbst. Häufig gibt es auch dunkle, tief verborgene Götzen wie Herzensbruch, Leiden, Aufopferung, dunkler Glanz und Kreuzigung.

2. **Unabhängigkeit und Abhängigkeit**
   Neben den Götzen spielt auch das Gleichgewicht in deiner Beziehung eine große Rolle. Wenn das Maß von Abhängigkeit und Unabhängigkeit zwischen den Partnern beispielsweise zu stark aus dem Gleichgewicht gerät, steuert der abhängige Partner auf einen Herzensbruch zu. In einer Beziehung durchlebt der abhängige Partner die Höhen der Verliebtheit und die Tiefen von Verletzung und Verlust. Je abhängiger du bist, umso weniger anziehend bist du für deinen unabhängigen Partner. Wenn du bedürftig und abhängig bist, wird dein Partner meist unabhängiger. Das hat zur Folge, dass er sich stärker von anderen Menschen außerhalb der Beziehung angezogen fühlt.

Wenn das Gleichgewicht in einer Beziehung 75:25 erreicht, ist der Unterschied zu groß, um eine gesunde Partnerschaft zu ermöglichen. Ein Verhältnis von 80:20 macht die Beziehung noch einseitiger und hat zur Folge, dass sie am Rande des Scheiterns steht. Bei einem Verhältnis von 90:10 packt der unabhängige Partner meist die Koffer. Hier ist stetige Verpflichtung gefordert, um Ebenbürtigkeit und Gegenseitigkeit in ein Gleichgewicht zu bringen und eine erfolgreiche Beziehung zu ermöglichen. Wenn der unabhängige Partner die Aufmerksamkeit auf seinen abhängigen Partner gerichtet hält, ihn liebt und ihn wertschätzt, kann er das Gleichgewicht erhöhen und damit immer wieder neue Flitterwochen in die Beziehung einbringen. Wenn er es nicht tut, schweift seine Aufmerksamkeit ab und der Partner wird noch abhängiger und unattraktiver. Darunter leidet die Beziehung, bis sie schließlich zerbricht. Wenn der unabhängige Partner erkennt, dass der abhängige Partner ihm all die Angst, die Traurigkeit, den Schmerz, den Herzensbruch und die Bedürfnisse zeigt, die er selbst dissoziiert hat, ist er eher motiviert, seinem abhängigen Partner zur Seite zu stehen. Der abhängige Partner kann die Beziehung aufbauen, indem er seine Anhaftungen loslässt, die sich durch seinen Schmerz und seine Emotionen zeigen. Das Loslassen von Anhaftungen und Emotionen hat ein neues Maß an Ebenbürtigkeit und neue Flitterwochen zur Folge. Auf diese Weise bringt der abhängige Partner die Beziehung zum nächsten Schritt voran. Die Lektion von Unabhängigkeit und Abhängigkeit ist die wichtigste Lektion, die es in einer Beziehung zu lernen gilt. Wenn du sie nicht lernst, kann es dir nicht gelingen, eine erfolgreiche Beziehung zu führen.

3. **Emotionale Reife**
   Wenn sich nicht beide Partner verpflichten, die Lektionen emotionaler Reife zu lernen, steht ihnen zumindest eine sehr schwierige Beziehung bevor. Wenn sie ihre Emotionen einsetzen, um zu nehmen, Bedürfnisse erfüllt zu bekommen oder zu nörgeln, sie als Waffe oder als Mittel zur emotionalen Erpressung benutzen, treiben sie ihren Partner weiter in die Unabhängigkeit und der Wert ihrer „Aktien" sinkt ebenso wie ihre Attraktivität. Wenn wir unsere Emotionen nicht nutzen, um Heilung zu erlangen, setzen wir sie ein, um Bedürfnisse erfüllt zu bekommen, indem wir angreifen und manipulieren.

4. **Beziehungsmuster**
   Ein weiterer wichtiger Bereich, dessen wir uns bewusst werden müssen, sind unsere Beziehungsmuster. Herzensbrüche, die du in der Kindheit erlitten hast, führen zu Herzensbrüchen im Erwachsenenalter, wenn sie nicht geheilt werden. Herzensbrüche in der Kindheit führen außerdem zu Teufelskreisen aus Opferdenken, Rache, Hass, Selbsthass, Bitterkeit, Schuld, Rückzug und Zorn und diese Emotionen setzen Muster in Gang. Sie sind alle mit Drehbüchern verknüpft, die du vielleicht unwissentlich schreibst. Es ist wichtig, dir die Frage zu stellen, wie viele Geschichten des Herzens-

bruchs du in dir trägst. Stelle dir auch die Frage, wie viele Geschichten du in dir trägst, die mit Bedürftigkeit, Machtkampf, Rache, Hass, Selbsthass, Angst, Kontrolle, Angriff und Selbstangriff sowie einem Mangel an Selbstwert zu tun haben, weil diese Geschichten allesamt zu Herzensbrüchen führen.

5. **Verschwörungen**
   Frage dich, wie viele Verschwörungen du in jedem Bereich in dir trägst, in dem du diese dunklen, selbstsabotierenden Geschichten geschrieben hast. Verschwörungen sind Fallen, die das Ego so geschickt aufgestellt hat, dass es keinen Ausweg zu geben scheint. Neben der Ablenkung und der Verzögerung, die das Ego mit ihnen bezweckt, kannst du dir weitere wichtige Fragen stellen: „Wofür benutze ich diese Geschichte oder diese Verschwörung? Was erlaubt sie mir zu tun? Was brauche ich ihretwegen nicht zu tun? Welchen Schritt will ich nicht gehen, weil ich Angst davor habe? In welcher Weise benutze ich sie, um mich selbst zu kontrollieren? In welcher Weise benutze ich sie, um andere Menschen zu kontrollieren? Welche Ausrede liefert sie mir? In welcher Weise benutze ich sie, um unabhängig zu sein oder um meinen Gaben, meiner Lebensaufgabe und meiner Bestimmung aus dem Weg zu gehen? In Bezug worauf gibt sie mir Recht? Was beweise ich mit ihrer Hilfe? Wogegen protestiere ich? In welcher Weise ist sie in eine meiner Familienrollen des Helden, der Aufopferung, des Sündenbocks, des Schmeichlers oder des verlorenen Kind verstrickt? Wofür bestrafe ich

mich selbst?" Diese Fragen können dir helfen, dir der zugrunde liegenden Dynamiken bewusst zu werden, sie zu verstehen und neue Entscheidungen zu treffen.

6. **Türen verschließen, Rückzug und Verlust**
Ein Herzensbruch bringt uns oftmals dazu, Türen vor uns selbst und vor unseren Gaben in bestimmten Bereichen zu verschließen. Welche Türen hast du im Hinblick auf Geben und Empfangen verschlossen? Wie haben sich frühere Herzensbrüche auf deine Selbstliebe und deinen Selbstwert ausgewirkt? Welche Türen haben frühere Herzensbrüche verschlossen? Bist du bereit, sie wieder zu öffnen? Wie viele Schritte hast du dich von dir selbst zurückgezogen? Vom Leben? Von Beziehungen? Vom Glück? Von der Liebe? Vom Geben? Vom Empfangen? Von Spaß, Sex, Erfolg, Kommunikation, wahrer Liebe, Partnerschaft? Stelle dir außerdem die Frage, wie viel Prozent deiner selbst du zu diesen Zeiten und in diesen Bereichen weggeworfen hast. Da alle diese Bereiche für eine glückliche Beziehung wichtig sind, denke darüber nach. Du bleibst in deinen alten Entscheidungen stecken, bis du neue Entscheidungen triffst. Du kannst darum bitten, dass dir alles zurückgegeben wird, was du verloren oder weggeworfen hattest.
Die ersten Stadien einer Beziehung können hochsensible Menschen völlig aus der Bahn werfen und zur Folge haben, dass sie in Negativität, dissoziierter Unabhängigkeit oder einem Opfermuster gefangen sind. Es ist hochsensiblen Menschen bestimmt, inspirierende, erfolgreiche und freudvolle Beziehungen zu führen. Da

unsere Beziehungen der Schlüssel zu Glück, Gesundheit, Fülle und Frieden sind, sollten wir uns verpflichten, die für Beziehungen geltenden Prinzipien und Lektionen zu lernen, denn sie bestimmen, wie glücklich wir für den Rest unseres Lebens sind und in welchem Umfang wir unsere Lebensaufgabe und unsere Bestimmung annehmen.

29
Mein Weg

Wenn wir in Angst und Gefühlen der Unzulänglichkeit gefangen sind, kommt es häufig vor, dass wir erstarren. Wir sind so lange flexibel, bis wir an einem Punkt ankommen, an dem wir uns an einen Glaubenssatz klammern, als ob er unsere Erlösung wäre. Es kann sich dabei um einen politischen oder einen religiösen Glaubenssatz handeln. Es kann sich auch darum handeln, wie bestimmte Dinge auf der Arbeit, in unserer Beziehung oder unserer Familie gehandhabt werden sollten. Dieses Denken ist nicht offen und zudem häufig eine Form von Angriff, weil es unterstellt, dass jeder uns angreift, der nicht das glaubt, was wir selbst glauben.

Wenn ein hochsensibler Mensch an diesem Punkt ankommt, ist er so tief verletzt oder hat so große Angst, dass er glaubt, hartnäckig an seiner Position festhalten zu müssen. Er glaubt, dass jeder gegen ihn ist, der nicht für ihn ist. Es gibt keinen Raum für Dialog oder ein offenes Miteinander. Diese Unbeugsamkeit ist eine Form von Verurteilung, die Menschen in zwei Lager spaltet und glaubt, jeder, der nicht dem Lager unserer Glaubenssätze angehört, habe es verdient, verurteilt zu werden. Um deine Lebensaufgabe erfüllen und deine Bestimmung annehmen zu können, musst du offen und flexibel sein. Wenn du ein Gewinner-Verlierer-Spiel spielst oder wenn die schweren Lektionen des Lebens dich bitter oder scharf gemacht haben, hast du nicht gelernt, dass mangelnde Flexibilität zeigt, wo du den Weg des Egos eingeschlagen hast. Nur der Weg des HIMMELS bringt dir Glück. Ein selbstgerechter Weg, der andere Menschen angreift, zeigt kompensierte Schuld und einen Ort, an dem du dich selbst und deine Unschuld aus dem Auge verloren hast.

Wir alle tragen diese Unbeugsamkeit bis zu einem gewissen Grad in uns und wir können uns davon befreien, indem wir sie auf unseren inneren Altar der Wahrheit legen. Es ist der Altar GOTTES, auf dem der Weg der Heilung ebenso zu Hause ist wie Christus und Kuan Yin. Hier können wir zulassen, dass die Härte unserer Glaubenssätze aufgelöst wird. Wir können zulassen, dass der Zauber euphorischer Freiheit unser Bewusstsein vom Panzer des Egos befreit, der uns vom schimmernden Licht des Lebens trennt. Wir können die Authentizität der Freiheit erkennen und als leuchtender Strahl ein Teil der GROSSEN STRAHLEN sein. Wir können unseren Platz der Freude einnehmen, der uns seit sehr langer Zeit erwartet.

30
Wenn wir uns selbst zurückhalten

Sie hatte gerade ihre Firma verloren und war zutiefst schockiert und außer sich. Sie war so schockiert, dass sie endlich zuhörte. Seit ihrer Kindheit wusste sie, dass es ihr bestimmt war, große Dinge zu erreichen. Vor acht Monaten hatte sie ihre Firma an die Investoren zurückgegeben und seit dieser Zeit hatten die Dinge sich negativ entwickelt. „Nach nur drei Monaten war die Firma bankrott", sagte sie mit hohler Stimme. „Wie konnte das nur passieren?" Ich erklärte ihr, dass es so plötzlich passieren konnte, weil sie ihre Firma benutzt hatte, um sich selbst zurückzuhalten. Sie haftete an ihrer Firma an, sodass sie zu einem Anker geworden war, den sie hinter sich herzog. Sie wusste, dass sie große spirituelle Gaben mitgebracht hatte, hatte aber irgendwann aufgegeben und versucht, in einer Gesellschaft, die vom Erfolg besessen war, wie alle anderen zu sein. Sie hatte versucht, wie alle anderen zu sein, obwohl sie wusste, dass sie zu höheren Dingen berufen war. Sie wusste, dass es ihre Aufgabe war, anderen Menschen zu helfen, kümmerte sich aber nur um ihre eigenen Angelegenheiten, bis ihre Firma mit ihr als Geschäftsführerin urplötzlich zusammenbrach. Sie war immer noch dabei, diese Tatsache zu verkraften.

Je tiefer wir der Sache auf den Grund gingen, umso mehr zeigte sich, dass sie als Wunderwirkende auf der Welt war und außerdem die Gabe der Erlösung mitgebracht hatte. Der Verlust ihrer Firma, die sie zwanzig Jahre lang mit vielen hundert Angestellten geführt hatte, rüttelte sie wach. Sie war endlich bereit, auf den Weg zurückzukehren, den sie verlassen hatte. Sie hatte keine Firma mehr, die sie von der Aufgabe ablenken konnte, die ihre Seele erfüllen wollte. Sie war hochsensibel und eine Generation zu früh geboren, um für die Sicherheit der ganzen Generation hochsensibler Menschen zu sorgen, die nach ihr kamen und jetzt geboren wurden. Weil sie die erste Fokusperson im Workshop war, stand sie für die Vorreiterin, die den sicheren Weg voran für alle findet und weist. Sie war auf einem spirituellen Weg und sie wusste, dass dieser Weg tiefgründig war und sie sich in höherem Maße in seinen Dienst stellen musste, als sie es bislang getan hatte.

Als sie sich verpflichtete, auf den richtigen Weg zurückzukehren und ihre Lebensaufgabe zu erfüllen, inspirierte sie alle Teilnehmer im Raum. Sie spiegelte das Gruppenbewusstsein und stand für den Prozess, den die gesamte Gruppe durchlaufen musste, um dort eine Kurskorrektur vorzunehmen, wo wir alle vom Weg abgekommen waren. Fast alle Teilnehmer konnten sich mit ihrem Prozess identifizieren und durch ihre Heilung wurde die Gruppe stärker geeint.

31
Du bist beschützt

Damit hochsensible Menschen ihr volles Potenzial verwirklichen und die großen Dinge erreichen können, zu denen sie berufen sind, müssen sie sich beschützt fühlen. Bis ein hochsensibler Mensch das Stadium der Vision mit seiner Dualität der großen Kriege auf der Ebene der wechselseitigen Abhängigkeit hinter sich gelassen hat, kann er sich sehr leicht bedroht fühlen, vor allem dann, wenn er in seine Größe hineinwächst. Das liegt daran, dass sein eigenes dualistisches Ego ihn mit seiner eigenen Todesversuchung bedroht. Was sich uns entgegenstellt, entspringt unmittelbar unserem eigenen Unbewussten. Auf dieser Ebene des Unbewussten ist klar, dass jeder gegen uns gerichtete Angriff ein Selbstangriff ist. Diese Erkenntnis wird ins Unterbewusstsein und ins Unbewusste verdrängt. Jeder Angriff in unserer Umgebung zeigt uns einen Teufelskreis aus Angriff und Angst, die sich in einer Abwärtsspirale gegenseitig nähren. Die Erkenntnis, dass jeder Angriff ein Hilferuf ist, kann die Wahrnehmung, die wir von ihm haben, in eine wohlwollende Richtung lenken. Dann werden Angst und Angriff mühelos voneinander getrennt und wir können erkennen, dass Angst durch Vertrauen, Liebe, Zuversicht und Bereitschaft geheilt wird. Wenn wir uns in

Liebe öffnen, wird die Angst geheilt und das, was uns in der Angst gefangen gehalten hat, wird transformiert. Je mehr wir hinausreichen und mit anderen Menschen teilen, umso weniger Angst haben wir. Das bedeutet, dass wir Angriff, Urteile, Groll, Hass, Verurteilung und Schuldzuweisung aufgeben, um Verständnis, Akzeptanz, Vergebung, Geben, Loslassen, Vertrauen, Verpflichtung und Hilfe gewähren zu können.

Unsere Angst rührt von einem grundlegenden Glaubenssatz her. Wenn wir Angst und Angriff voneinander getrennt haben, können wir entweder der Angst folgen oder unsere Intuition nutzen, um zu dem grundlegenden Glaubenssatz zu gelangen, der unsere Angst erzeugt. Es handelt sich dabei um ein Selbstkonzept des Egos, das aus unserem Verlangen heraus entstanden ist, uns zu trennen und unsere eigene Identität zu erschaffen. Unsere Selbstkonzepte sind Inseln, die uns von anderen Menschen und uns selbst trennen und die das Ego benutzt, um den OZEAN DER LIEBE zu verbergen, auf dem sie schwimmen. Du kannst diese Inseln unwahrer Glaubenssätze über dich selbst, die stets mit Leiden verknüpft sind, zum Schmelzen bringen oder durch sie hindurchsinken und dich ganz der darunter verborgenen LIEBE überlassen, die deine wahre Identität ist. Wenn du auf höhere Bewusstseinsebenen gelangst, wachsen dein Selbstvertrauen, deine Macht und deine Spiritualität. Du begreifst, WER mit dir geht, und das Begreifen lässt dich erkennen, dass es unmöglich ist, Angst zu haben. Du erkennst auch, dass du alle Macht besitzt, die du brauchst, um die Aufgabe zu erfüllen, zu der du aufgerufen bist. Du kannst dich für die Erkenntnis entscheiden, dass CHRISTUS dich beschützt und dass du deshalb gegen jeden Angriff des Egos gefeit bist. Und jeder Angriff, ganz egal, aus welcher Richtung er kommt, ist ein Angriff des Egos. Lasse dich segnen und wisse, dass es GOTTES WILLE ist, dass du beschützt bist. Trotz deines Bedürfnisses nach Schmerz ist Leiden nicht Teil der Schöpfung GOTTES. Du kannst also das tun, wozu du berufen bist, und der sein, zu dem du berufen bist, und wissen, dass du beschützt bist.

32
Protest

Manche der entsetzlichsten Opferereignisse, durch die ich Menschen begleitet habe, waren Akte des Protests gegen Eltern, gegen Partner und letztlich gegen GOTT. Die Erkenntnis, dass es sich um einen Protest handelte, erschloss ihnen ein Maß an Verstehen, das ihnen vorher gefehlt hatte. Die Klarheit, die mit diesem intuitiven Verstehen einherging, ließ sie erkennen, dass nicht das Werk GOTTES, sondern ihre eigenen verborgenen Entscheidungen diese niederschmetternden und destruktiven Ereignisse herbeigeführt hatten. Daraufhin waren sie auch zu der Erkenntnis bereit, dass GOTT nicht das Verlangen hatte, sie für ihre falschen Entscheidungen zu bestrafen, sondern dass die heimlichen Schuldgefühle, die sie wegen dieser Entscheidungen in sich trugen, ihr Leiden verursacht hatten. Das hatte zur Folge, dass sie GOTT für die Entscheidungen vergeben konnten, die sie selbst getroffen hatten. Ihre Vergebung befreite sie und half ihnen, die erlittenen Verletzungen loszulassen. So konnten sie anstelle von Protest und Schuldzuweisung ein neues Maß an Verantwortung, Selbstvertrauen und Macht zurückerlangen.

Ein hochsensibler Mensch wird mit einer großen Lebensaufgabe und einem großen Machtpotenzial geboren. Wenn er Angst vor seiner Lebensaufgabe oder seiner Macht bekommt, kann es sehr rasch passieren, dass er persönliche oder allgemeine Tragödien auf GOTT, seine Eltern oder seinen Partner projiziert. Die Bestimmung eines hochsensiblen Menschen liegt darin, einen Weg der Heilung zu gehen, damit er solche Ereignisse in seinem eigenen Leben transformieren kann, um der Menschheit zu dienen. So kann er dazu beitragen, vermeintlich unerträgliche Probleme im Leben anderer Menschen zu transformieren, und sie von dem erlösen, was sie für so schmerzhaft und hoffnungslos hielten, dass sie glaubten, es niemals heilen zu können.

Ein hochsensibler Mensch ist auf die Welt gekommen, um die Dunkelheit mit Licht und den Konflikt mit Frieden zu erfüllen. Wenn er die grundlegenden Seelenlektionen in seinem eigenen Leben nicht gelernt hat, fühlt er sich jedoch hilflos angesichts der niederschmetternden Erfahrungen, die andere Menschen machen. Es ist für einen hochsensiblen Menschen unerlässlich, eine Beziehung mit dem HIMMEL aufzubauen, damit er sich nicht nur auf sich selbst verlässt und sich dadurch einer enorm hohen Belastung und großem Druck aussetzt. Deshalb muss er seinen eigenen Autoritätskonflikt überwinden, der ihn dazu bringt, das, was ihm selbst widerfahren ist, anderen Menschen und letztlich GOTT zur Last zu legen.

Du kannst mithilfe deiner Intuition herausfinden, gegen wen und gegen was du in deinen Opferereignissen protestiert hast. Wenn die Antwort dir nicht innerhalb von drei Sekunden einfällt, hat das Ego sich ihrer bemächtigt und sie entspricht nicht der Wahrheit, sondern fällt in die Kategorie „rationale Lüge“. Es bedeutet, dass du dich vor der Wahrheit fürchtest. Das ist in Ordnung, denn irgendwann bist du für die Antwort bereit. Wenn du in dieser Zeit gähnst, dann ist das ein klares Zeichen dafür, dass astrale Einflüsse versuchen, dich in deiner Abwehrhaltung und Blockade festzuhalten. Bei der astralen Ebene handelt es sich um den uralten und am tiefsten verborgenen Anteil des Egos, der will, dass die Dinge so bleiben, wie sie sind. Meditiere und arbeite eine Weile an deiner Bereitschaft, deine Angst aufzulösen. Wiederhole anschließend die Frage. Wenn du wirklich nicht weiterkommst, frage dich immer wieder, ob du das Problem oder die Antwort willst. Wenn du bereit bist, zeigt sich, gegen wen und was du protestiert hast. Diese Erkenntnis lässt dich begreifen, dass alle an der Situation beteiligten Menschen das Beste getan haben, dessen sie angesichts ihres hohen Maßes an innerem Stress fähig waren, und dass GOTT so etwas niemals hätte tun können, denn wenn GOTT widergöttlich gehandelt hätte, wäre der URGRUND DES SEINS in Gefahr, und das ist nicht der Fall. Damit können nur wir den Fehler gemacht haben. Wir können die Vergangenheit berichtigen und uns neu für das entscheiden, was wir wollen. Die Vergangenheit ist vorbei. Es bleibt nur das, was wir nicht loslassen wollen und als Ausrede benutzen, um unseren eigenen Weg zu gehen, uns zu verstecken, zu schwelgen oder zu kontrollieren. Jetzt können wir die richtige Entscheidung treffen, unsere Fehler zu berichtigen und unseren Protest loszulassen.

33
Es ist niemand zu Hause

Wenn wir ein Trauma erleiden oder in so hohem Maße dissoziieren, dass wir uns von uns selbst abschneiden, dann hat es den Anschein, als sei niemand zu Hause. Wir haben uns selbst aufgegeben und ein Ort, der von Leben erfüllt sein sollte, ist verlassen. Das hat zur Folge, dass wir stumpf sind, statt zu leuchten. Es sorgt dafür, dass wir uns zurückziehen, wo wir verbunden sein sollten. Wir haben uns von uns selbst, von anderen Menschen und vom HIMMEL und seiner Gnade zurückgezogen. Das ist ein Verlust für uns selbst und für die Welt. Wenn du ein hochsensibler Mensch bist, ist der Verlust für dich und für die Welt umso größer, weil du dazu bestimmt bist, sie gemeinsam mit dem HIMMEL zu retten, aber das Ereignis hat deine Verbindung zum HIMMEL abgeschnitten. Du kannst dich in so hohem Maße abschneiden, dass du dich selbst verlierst. Das kann so weit gehen, dass du dich wie eine verlorene Seele fühlst und auch so handelst. Wegen eines GOTTES, DER LIEBE, BARMHERZIGKEIT und UNSCHULD ist, können wir im spirituellen Plan der Dinge in Wirklichkeit zwar niemals verlorene Seelen sein, aber viele Leben lang vom richtigen Weg abkommen. Weil es nicht GOTTES WILLE ist, dass wir uns vollkommen verlieren, lässt ein Eingriff durch einen anderen Menschen oder ein Ereignis uns irgendwann den Rückweg finden. Wenn du ein hochsensibler Mensch bist, ist es deine Bestimmung, einzugreifen und dein Herz in Liebe weit genug auszudehnen, um andere Menschen aus ihrem Verlust, ihrer Dunkelheit und ihrer Verzweiflung zurückzurufen.

Erstelle eine Liste aller Orte, an denen du einen Herzensbruch erlitten hast, am Boden zerstört, verloren oder verzweifelt warst. Bitte eine Engelschar um Hilfe. Frage dich in jeder Situation, wie viele Selbstanteile du verloren hast. Die Engel lassen sich von Zeit und Raum nicht aufhalten und können deshalb auch Selbstanteile zurückholen, die in die Höllenwelten, deine persönlichen Höllen, die Astralwelt, andere Dimensionen, andere Welten oder andere Lebenszeiten geschickt wurden – und an alle anderen Orte, an denen Selbstanteile entsorgt werden können. Erhebe einmal mehr Anspruch auf diese Selbstanteile. Bitte darum, dass sie zu dir zurückkehren. Die Engel segnen, reinigen und lieben sie, bis sie zu deinem gegenwärtigen Alter herangereift sind. Dann verschmelzen sie wieder mit dir und mehren dein Selbstvertrauen, deinen Frieden und deine Ganzheit.

Wenn dein Haus leer steht, ist niemand da, um deinen Partner und deine Kinder zu lieben. Niemand ist da, um die Menschen zu retten, denen du Rettung versprochen hattest, oder deine Lebensaufgabe zu erfüllen, die in deiner Liebe zu allen Menschen besteht. Die Kreativität, Inspiration und Originalität, die dein Beitrag sein sollten, gehen verloren. Deine Genialität und deine Vision fehlen. Die Verbundenheit und die Mühelosigkeit des Erfolges und der

Nähe, die mit ihr einhergehen, sind fort. Glück, Ideenreichtum und Empfangen sind blockiert. Humor, Spaß und das Spiel, das uns erfrischt, kommen niemals zustande. Neue Erkenntnisse in der Wissenschaft und künstlerische Fähigkeiten sind verloren. Kanäle der Mystik und der Kanal der Wunder bleiben ungenutzt. Wir können so weit vom Weg unseres Lebens abkommen, dass wir am Ende das Leben eines anderen Menschen leben.

Du kannst dich jeden Tag fragen, zu wie viel Prozent du in deinem Körper und in deinem Geist anwesend bist. Gewinne zurück, was du verloren hattest, damit du für die Menschen, die du liebst, und für die Menschen, die dich lieben, präsent bist. Du brauchst alle deine Selbstanteile, um deine Lebensaufgabe zu erfüllen, denn sie ist ein Ort, an dem du alles riskierst und mit vollem Einsatz spielst. Du brauchst sie, um dein *Sein* zu erreichen. Du brauchst sie für den Weg nach Hause. Auf dem Weg zum HIMMEL gewinnen wir irgendwann alle unsere Ganzheit zurück. Wir gewinnen unsere Heiligkeit zurück. Wir gewinnen unser EINSSEIN zurück. Du wirst irgendwann erkennen, dass alles, was du in der Welt wahrnimmst, das ist, was du an dir selbst verurteilt und abgeleugnet hattest. Du musst dem, was du außerhalb von dir siehst, vergeben, damit du dich selbst zurückgewinnen kannst. Überall dort, wo die unwahre Leere des Egos war oder es sich mit dem Unsinn dunkler Selbstkonzepte – oder anderer Konzepte – erfüllt hat, wirst du also aufgegeben, sodass nur die Liebe bleibt. Und wenn alle Liebe zurückgewonnen wurde, bleibt nur die LIEBE.

34
Die Welt, die wir sehen

Die Welt, die wir sehen, ist der Spiegel unseres Geistes. Die Vorstellungen, die wir in uns tragen, sind wie ein Flickenteppich über die Welt verstreut. Manche dieser Konzepte, bei denen es sich ausnahmslos um Selbstkonzepte handelt, sind sehr tief vergraben, weil wir sie verurteilt und dann verdrängt haben. Alles, was wir ablehnen oder wovor wir Angst haben, projizieren wir als die Welt nach außen auf die Welt. Es ist der schäbige Plan des Egos, uns vorgeblich von dem zu befreien, was wir ablehnen, während wir es insgeheim weiter in uns tragen und uns immer noch dafür bestrafen. Unsere Wahrnehmung ist Projektion. Wir sehen das, was wir selbst zu sein glauben. Wir sehen und erleben das, was wir herbeirufen, und wenn wir unsere eigenen Entscheidungen herbeirufen, dann kehren sie zu uns zurück.

Deshalb ist Vergebung so enorm wichtig. Deshalb ist auch Verantwortung so enorm wichtig, weil wir auf unser Selbst eingehen. Wir begegnen immer nur uns selbst. Wenn wir keine Verantwortung für das übernehmen, was wir sehen und erleben, bleibt nur dissoziierte Unabhängigkeit, die so tut, als sei das, was wir sehen, von uns getrennt und habe nichts mit uns zu tun. Ohne Liebe und Antwortfähigkeit haben wir keine Macht. Das hat zur Folge, dass wir versuchen, das, was wir sehen, zu kontrollieren oder zu beherrschen, ohne zu erkennen, dass unsere Angst und unser Verlangen nach Trennung dadurch noch verstärkt werden. Ohne Antwortfähigkeit urteilen wir, beschuldigen und tragen Groll in uns, erkennen aber nicht, dass genau das der Ursprung unserer Probleme ist. Das, was wir sehen, ist das, was wir wollten, und wie es in *Ein Kurs in Wundern* heißt, wollten wir es wirklich, auch wenn es den Anschein hat, dass wir es nicht wollten. Diese Tatsache haben wir jedoch vor uns selbst verborgen und das ist auch der Grund, warum das Unterbewusstsein wesentlich größer als die Ebene unseres bewussten Denkens ist.

Die Verantwortung für unsere Wahrnehmung zu übernehmen, ist eine sehr große Aufgabe. Wenn sie vollendet ist, sind wir erleuchtet. Es ist die Arbeit eines ganzen Lebens, uns von der Welt zurückzugewinnen, um Heilung für uns selbst und für die Welt zu erlangen. Die Angst, der Angriff und die Schuld, die wir mit jedem Aspekt nach außen projiziert haben, sollten unseren Selbstangriff und unsere eigene Schuld verbergen. Wir können all diesen Schmerz aufgeben und jeden Anteil der Welt, die wir wahrnehmen, wieder willkommen heißen, bis er vollständig integriert ist und uns neue Ganzheit bringt. Alles, was du außerhalb von dir siehst, und besonders das, was negativ ist, kann gesegnet werden. Du kannst ihm Liebe schenken. Je mehr du die Welt segnest und ihr gibst, umso wohlmeinender wird sie.

Die Verantwortung für die eigene Wahrnehmung zu übernehmen, ist für einen hochsensiblen Menschen, der die Welt erlösen will, ein grundlegend wichtiger Schritt. Wenn nicht jeder unschuldig ist, dann ist niemand unschuldig. Und eine der Hauptaufgaben eines hochsensiblen Menschen ist es, Unschuld zu bringen. Als hochsensibler Mensch bist du auf die Welt gekommen, um zu ihrer Rettung beizutragen, und alles, was der Rettung bedarf, liegt in deinem Bewusstsein und in deiner Welt. Wenn du segnest, hilfst und heilst, wirst du im gleichen Maße befreit, in dem du befreist. Als hochsensibler Mensch braucht die Welt dich und du brauchst die Welt, um die Dinge zu erkennen, die du zu heilen aufgerufen bist. Dies ist der Weg nach Hause und als hochsensibler Mensch kannst du die Richtung weisen.

35
In Gegenwart derer

> In Gegenwart derer, die den RUF des HEILIGEN GEISTES hören, wie eins zu sein, verblasst das Ego und wird aufgehoben.
>
> *Ein Kurs in Wundern,* T-5.IV.1:11

Ein hochsensibler Mensch kommt auf die Welt, um durch seine Liebe zu einen. Wo er seine Bestimmung in der reinen Strahlkraft seiner Gaben annimmt und sich erlaubt, ein Instrument des GÖTTLICHEN zu sein, dort bietet seine überaus zarte Verletzlichkeit flüchtige Einblicke in den HIMMEL. Das führt ihn über seine Lebensaufgabe hinaus in die Tiefen seiner Bestimmung. Er strebt danach, den Ruf des HEILIGEN GEISTES zum EINSSEIN zu hören, sodass allein seine Gegenwart die Wahrheit bringt, in der das Ego verblasst und aufgehoben wird. Der höchste Aspekt unserer Bestimmung besteht darin, die Engelsmelodien zu hören, die unseren reinen Geist rufen, das *Sein*, das GOTT in der Schöpfung mit uns geteilt hat. Wenn wir zur geistigen Schau gelangen, blicken wir über die Form und die Materie der Welt hinaus auf die Liebe, die jenseits dieser Dinge liegt. Es ist die Liebe, die allem innewohnt und die der freudvolle Strom der LIEBE selbst jenseits dieser illusionären Welt ist. Dich in diesem reißenden Strom aus Licht und Liebe zu erkennen heißt, die Herrlichkeit der GROSSEN STRAHLEN in dich aufzunehmen, aus denen alles SEIN besteht und die durch uns alle hindurchleuchten. Sie als unsere wahre Identität zu erkennen heißt, das Ego aufzulösen. Diejenigen, die uns im reinen Geist nahe sind, gehen dazu in Resonanz, sodass ihr Ego ebenfalls verblasst in dem Ruf, wie eins zu sein, dem unentrinnbaren Ruf der GÖTTLICHEN LIEBE.

Nachwort

Du bist aus einer Reihe von Gründen auf die Welt gekommen. Ein Grund liegt zweifellos darin, Heilung zu erlangen, damit du eine Möglichkeit findest, andere Menschen zu heilen. Du besitzt Gaben, um andere Menschen zu inspirieren, ihre Bürde zu erleichtern und sie zu segnen, zuerst durch das, was du gibst, und später durch das, was du bist. Du bist hier, um Lektionen zu lernen und andere Menschen zu befreien. Du bist hier, um alte und uralte Fehler zu berichtigen. Du bist hier, um einen Beitrag für die Welt zu leisten und dadurch sowohl dich selbst als auch die Welt auf eine höhere Stufe zu heben. Du bist hier, um deine geistige Wesensnatur wiederzufinden, die grenzenlos ist. Du bist hier, um deine Ahnen von den karmischen Fesseln zu befreien, die sie gefangen halten. Du bist hier, um den Weg zu finden, der dich zu deiner grenzenlosen Macht und zum EINSSEIN zurückführt.

Du strahlst eine Feinheit aus, eine Anmut, die den Geist zu öffnen vermag, und eine Schönheit, die das Herz zu öffnen vermag. Diese Öffnung ist es, die den HIMMEL einlässt, um durch dich Teil des Lebens anderer Menschen zu sein. Das Maß, in dem du es tust, entspricht dem Maß, in dem du den HIMMEL in deinem Herzen und in deinem Leben willkommen heißt. Vielleicht hat die Welt dich in der Kindheit wie eine Lawine überrollt. Vielleicht wurdest du abgestumpft und abgewertet. Vielleicht wurdest du über jedes Maß hinaus verletzt, aber trotz allem kannst du der sein, der du sein wolltest, nämlich ein Leuchtturm in einer dunklen Welt.

Wo du eine Gabe in dir trägst, dort macht das Ego Überstunden, um dich zu verletzen, aber deine Gabe wartet dennoch auf dich, wenn du den Mut zur Veränderung hast und dich dem Leben auf neue Weise öffnest. Der berühmte russische Dichter Jewgeni Jewtuschenko hat einmal geschrieben: „Der Krieg des Selbst endet niemals. Die Dichtkunst steht für Siege, an die man sich erinnert.“ Wahrheit und Erfolg stellen sich ein, wenn du bereit bist und sie willkommen heißt.

Der Weg zum HIMMEL endet irgendwann im Erfolg. Das Maß, an dem du in diesem Leben gemessen wirst, liegt nicht darin, ob du zu Boden gehst. Das gilt für fast alle Menschen, aber du kannst angesichts deiner Empfindsamkeit und deiner Einstimmung auf andere Menschen allein durch die Toxizität der Welt zu Boden gehen. Das Maß, an dem du als Mensch gemessen wirst, liegt darin, ob du den Mut hast, wieder aufzustehen und weiterzugehen. Trägst du die Liebe in dir, die dich dazu bewegt, immer wieder aufzustehen, weil du weißt, dass es einen besseren Weg gibt, wenn du ihn nur finden kannst? Du bist hier, um die Welt mit deiner Lebensaufgabe zu segnen und schließlich zu einem lebendigen Schatz zu werden, ganz unabhängig davon, ob andere Menschen es erkennen oder nicht.

Du hast die Leidenschaft mitgebracht. Du hast das Mitgefühl mitgebracht. Du hast die Zärtlichkeit mitgebracht, die die Welt braucht. Du bist der bessere Weg. Du hast die Gaben und die Heilung mitgebracht, die benötigt werden. Du verfügst über meisterhaftes Feingefühl und eine GÖTTLICHE VERBINDUNG. Du trägst ein unbegrenztes Potenzial in dir. Der HIMMEL glaubt an dich. Es wäre arrogant, nicht an dich selbst zu glauben. Gib alle Rache auf, die du aufgrund erlittener Verletzungen üben willst. Sie verlängert lediglich die Zeit, in der du verletzt bist. Opfer und Täter sind untrennbar miteinander verbunden und du musst lernen, diese Entscheidung hinter dir zu lassen. Du kannst dein wahres Selbst niemals erkennen, wenn du den Weg des Egos gehst.

Wenn du das Ego demontierst, trittst du mehr und mehr zurück und die grenzenlose Glückseligkeit des HIMMELS tritt immer stärker in den Vordergrund. Wenn du zur Meisterschaft gelangst, wirst du zumindest in deinen Augen zu „niemand Besonderem", weil du weißt, dass Besonderheit der Liebe ein Ende bereitet. Wenn du zur Erleuchtung gelangst, wirst du zu einer vollkommenen Null, damit es zwischen dir und dem EINSSEIN keine Trennwände gibt. Der HIMMEL erfüllt dich, während du andere Menschen zu dir und der ursprünglichen LIEBE hinziehst, in der du geschaffen wurdest. Wenn du dem HIMMEL näher kommst, findest du die transzendente Freude, die damit einhergeht, dass du rückhaltlos gibst. Du wirst zu der Liebe, die deine Bestimmung ist.

Danksagungen

Ein echtes Buch entsteht aus der Zusammenarbeit engagierter Menschen, von denen manche nicht einmal erkennen, wie groß der Beitrag ist, den sie leisten. So ist meine Familie beispielsweise mein ständiger, aus dem Herzen kommender Antrieb. Der HIMMEL inspiriert mich und ich lasse sein Licht durch mich strömen und Worte bilden. Cilla leitet das Büro und sorgt dort für einen reibungslosen Ablauf. Pua hilft im Haushalt, während Alton, Sean und mein Sohn Christopher den Garten pflegen. Sunny tippt das Manuskript und die häufigen Änderungen, während Kathryn und Michael ihm den letzten Schliff geben. Jedes Buch, das ich empfange, segnet mich ebenso, wie ich ihm den Segen meines Herzens gebe und hoffe, dass es die Menschen heilt und tröstet und Licht in eine Welt bringt, in der es noch viel Dunkelheit gibt. Vielleicht kann meine Liebe dazu beitragen, Hoffnung und Erleuchtung zu bringen. Lasse mich zum Wohl des HIMMELS und zum Wohl meiner Brüder und Schwestern auf der ganzen Welt diese Hoffnung und dieses Licht sein.

Ich möchte *Ein Kurs in Wundern* danken, der ein Anker in meinem Leben ist und die Entdeckungen untermauert hat, die ich in den letzten fünfzig Jahren tief im Herzen und im Bewusstsein der Menschen gemacht habe. Und zugleich hat er mich so viel mehr gelehrt.

Weitere Titel aus dem Verlag Via Nova:

Hochsensibilität als Gabe und Chance begreifen

Chuck Spezzano

Taschenbuch, 160 Seiten, ISBN 978-3-86616-479-6

Außergewöhnliche Empathie- und Empfindungsfähigkeit, tiefsinnige Wahrnehmung und Feinfühligkeit sind die kostbarsten Gaben hochsensibler Menschen. So sehr es dieser Qualitäten bedarf, um den Wandel der gegenwärtigen Zeit voranzubringen, so herausfordernd kann zugleich der Umgang damit sein. Aus diesem Grund widmet sich Chuck Spezzano in diesem Buch mit all seiner Weisheit und seinem Erfahrungsschatz aus über 40 Jahren spirituell therapeutischer Arbeit dem Phänomen der Hochsensibilität. Er legt nicht nur dar, welch große Bedeutung hochsensible Menschen in unserer Zeit haben, sondern lässt sein gesamtes Wissen einfließen, um sie dabei zu unterstützen, ihr gesamtes Potential zu entfalten - zum Wohle aller! Ungeahnte Möglichkeiten tun sich auf - nicht nur für alle Hochsensiblen!

Worte der Kraft

aus *Ein Kurs in Wundern* mit Interpretationen von Chuck Spezzano

Chuck Spezzano

Klappenbroschur, 400 Seiten, ISBN 978-3-86616-487-1

Nicht viele universelle Weisheitsbücher haben eine solch große transformatorische Kraft und Dimension wie das Buch *Ein Kurs in Wundern.* Auch der international bekannte Weisheitslehrer Chuck Spezzano schöpft seit Jahrzehnten aus der göttlichen Inspiration dieses Meisterwerks. Er hat daraus für jeden Tag des Jahres eine Botschaft in einem Satz ausgewählt, ihn in einem kurzen Ausschnitt in den Zusammenhang des Buchtextes gestellt und diese außergewöhnlichen „Worte der Kraft" durch seinen eigenen Kommentar ergänzt. Es sind tief berührende Erläuterungen, Anregungen, Anstöße und Interpretationen. Dieses Buch enthält Worte, die unser tiefstes inneres Sein nähren und erhellen können.

WHY SHIT HAPPENS

Warum guten Menschen schlimme Dinge zustoßen

Chuck Spezzano

Erstmals als Taschenbuch

Taschenbuch, 320 Seiten, ISBN 978-3-86616-513-7

Ganz gleich, was uns im Leben begegnet, welche Hürden sich in unserem persönlichen Entwicklungsprozess, in unseren Beziehungen oder unserem Beruf zeigen, es gibt nur einen Weg, der wirklich heilt, und er heißt: vollständige Selbstverantwortung. Welche Prinzipien und Dynamiken im menschlichen Bewusstsein dabei wirken und wie wir lernen, die Rolle der Selbstverantwortung in ihrer ganzen Dimension zu verstehen und unmittelbar anzuwenden, das erfahren wir in diesem neuen Meisterwerk in einzigartiger Klarheit. „Nach 45 Jahren therapeutischer und beratender Tätigkeit fühlte ich mich jetzt erst bereit, dieses Buch zu schreiben", sagt der international bekannte Weisheitslehrer Chuck Spezzano und gibt uns damit einen Begriff von der fundamentalen Bedeutung des Themas für Bewusstwerdung und Transformation.

50 Wege, loszulassen und glücklich zu sein

Chuck Spezzano

10. Auflage

Taschenbuch, 224 Seiten, ISBN 978-3-86616-432-1

„Loslassen" ist das große Zauberwort einer ganzen Generation spirituell Suchender. Doch wie gelingt es, Belastendes, Bedrückendes und Unbewusstes letztgültig und vollkommen loszulassen? In diesem Buch hat der bekannte Weisheitslehrer Chuck Spezzano sich mit großer Intensität genau diesem Thema gewidmet und 50 universelle Prinzipien zusammengefasst, die er auf seinem eigenen Pfad entdeckt und in seiner langjährigen praktischen Beratungsarbeit weltweit erfolgreich eingesetzt hat. Es ist die Quintessenz eines außergewöhnlichen spirituellen Weges, der zum Ziel führte: inspirierende Kontemplationen mit konkreten Fragestellungen, Anregungen und Übungen, mit denen das „Loslassen" keine Idee mehr bleibt, sondern zu einem ganz konkreten, bewussten und realen Akt der Transformation werden kann.

Karten der Liebe

84 farbige Karten mit Begleitbuch

Chuck Spezzano

5. überarbeitete Neuauflage

Kartenset, 84 Karten mit Booklet,
148 Seiten, ISBN 978-3-86616-486-4

Manche Menschen scheinen größeres Glück in der Liebe zu haben als andere, aber es steckt mehr dahinter als nur Glück. Der international bekannte Lebenslehrer Chuck Spezzano zeigt auf anschauliche Weise, wie der aufmerksame Leser mit Hilfe der 84 Karten seine Chancen für eine glückliche und erfolgreiche Liebesbeziehung vergrößern kann. Die Karten sind in die vier Kategorien *Heilung, Glück, Gnade* und *Probleme* unterteilt. In dem dazugehörigen Begleitbuch werden alle Karten und ihre jeweiligen Bedeutungen ausführlich beschrieben. Außerdem werden verschiedene Befragungsbeispiele und Legesysteme vorgestellt. Die *Karten der Liebe* sind sowohl für Menschen gedacht, die noch nach ihrer ganz besonderen Beziehung suchen oder gerade am Anfang einer Beziehung stehen, als auch für Menschen in einer langfristigen Partnerschaft, denen die Karten neue Erkenntnisse über ihre Liebesbeziehung vermitteln und helfen, sie zu verbessern. Sie zeigen nicht nur die schönen Seiten der Liebe wie Vertrauen, Lachen und Glück, sondern auch ihre Fallen wie Erwartungen, Kontrolle und Eifersucht, die es zu vermeiden gilt, damit die Liebe nicht schal wird.

Karten der Sexualität

Liebe und Zärtlichkeit

Illustrationen von Petra Kühne

Chuck Spezzano

100 farbige Karten mit Begleitbuch (Paperback),
304 Seiten, ISBN 978-3-86616-375-1

Sexualität ist eine der wohl kraftvollsten menschlichen Energien überhaupt. So vielfältig und individuell die Erfahrungsräume dabei sein mögen, in der Essenz zeigt sich doch immer die Sehnsucht nach Liebe und nach dem Eins-Sein mit dem Göttlichen. Dieses neue Karten-Set mit einem ausführlichen Begleitbuch von Chuck Spezzano konfrontiert uns in unverstellter Ehrlichkeit und zugleich lebendiger Weisheit mit all den facettenreichen Aspekten und Seiten des Themas. Der Autor lässt uns innehalten, nachspüren und vergegenwärtigen. Er ermuntert uns, Hindernisse für die Liebe zu überwinden, egoistisches Verhalten zu durchschauen, ungesunde Muster aufzulösen und führt so zu mehr Nähe, Verbindung und Zärtlichkeit. Die exzellenten und künstlerisch hochwertigen Illustrationen unterstreichen noch die tiefgründigen Erkenntnisse des Weisheitslehrers Chuck Spezzano.

Gelassen leben mit Hochsensibilität

Selbstbewusst abgrenzen im Alltag, Zeit für mehr innere Ruhe
Sylvia Harke

Klappenbroschur, 144 Seiten, ISBN 978-3-86616-468-0

Durch mangelnde Selbstannahme, hohe berufliche und familiäre Anforderungen verlieren viele Hochsensible leicht die eigenen Bedürfnisse aus den Augen. Mit diesem Praxisbuch erhalten hochsensible, hochsensitive und empathische Menschen eine Fülle von praktischen Übungen und heilsamen Ritualen, die ihnen helfen, ihren eigenen Standpunkt im Leben zu finden. Die Bestsellerautorin und Psychologin Sylvia Harke vermittelt praxiserprobte Methoden, um das Selbstvertrauen und die Ich-Kraft zu stärken. Die Leser lernen, mit Stress besser umzugehen, sich abzugrenzen und die eigene Feinfühligkeit als wertvolles Talent zu entdecken. Ein großartiges, mit Liebe gestaltetes, Selbsthilfebuch, das als kreativer Alltagsbegleiter allen feinfühligen Wesen den Weg in ein selbstbestimmtes und befreites Leben bereiten kann.

Hochsensibel – Was tun?

Der innere Kompass zu Wohlbefinden und Glück
Mit grundlegenden Infos und zahlreichen Übungen
Sylvia Harke

10. Auflage

Paperback, 352 Seiten, ISBN 978-3-86616-281-5

Fühlen Sie sich auch manchmal wie von einem anderen Stern? Einfach nicht gemacht für diese Welt? Dann gehören Sie vielleicht auch zu der Gruppe der hochsensiblen Menschen, und dieses Buch kann für Sie zu eine wahren Offenbarung werden. Autorin und Therapeutin Sylvia Harke – selbst einer so genannte „HSP" (Highly Sensitive Person) – hat dieses Phänomen sehr einfühlsam und tiefgründig erforscht und gibt ganz praktische, konkrete Hilfen für den Alltag. Untermauert mit zahlreichen eindrucksvollen Interviews und Fallbeispielen kann dieses Buch für jeden hochsensiblen Menschen zu einer wertvollen Lebenshilfe werden und gänzlich neue Perspektiven für die eigene Lebensgestaltung eröffnen.